站在未来看商机

沈满涛/著

——引领走向创业大道

需求就是商机
服务人民是最大的商机
立志贡献社会才能真正把握商机

中国商业出版社

图书在版编目（CIP）数据

站在未来看商机：引领走向创业大道 / 沈满涛著. -- 北京：中国商业出版社，2021.7
ISBN 978-7-5208-1672-4

Ⅰ.①站… Ⅱ.①沈… Ⅲ.①创业—研究 Ⅳ.① F241.4

中国版本图书馆 CIP 数据核字（2021）第 127283 号

责任编辑：聂立芳　张盈

中国商业出版社出版发行
010-63180647　www.c-cbook.com
（100053　北京广安门内报国寺 1 号）
新华书店经销
三河市兴国印务有限公司印刷

*

880 毫米 ×1230 毫米　16 开　11.25 印张　138 千字
2021 年 7 月第 1 版　2021 年 7 月第 1 次印刷
定价：49.80 元

****

（如有印装质量问题可更换）

前　言

我国经济建设已经进入全新时代，各级政府大力支持创业，为有志者提供了无限可能。然而创业道路充满荆棘，如不冷静思考、细心观察、谨慎经营，创业很容易失败。不仅损失钱财，同时影响斗志。为能够给创业者提供一些帮助，本人就如何寻找商机、抓住商机、跟进商机等方面提出一些基本看法，并重点选择生态种植、智能制造、智慧城市、数字经济、教育服务、文旅产业、健康医疗等领域，以站在未来的视角，分析可能存在的商机。希望对广大创业者能有所帮助，也为中华民族的伟大复兴贡献力量。

本书属于学习体会汇编。本人毕业于部队院校，学习的是军事指挥，在部队工作近30年，没有接触过经济领域。从部队转业到地方以后，为干好本职工作，阅读了多个领域的许许多多书籍，写了大量心得，从中择取部分整理成书，起名《站在未来看商机》。本人在写心得时，并没有汇编成书的打算，涉及摘录和应用没有注明出处，由此带来的不便请读者予以谅解。

整理学习体会成书，意在探寻商机，而不是预测未来。所涉及领域的表述不全面、不具体、不深刻，特别是对未来各个行业的发展，完全是个人推断设想，目的在于抛砖引玉，推演寻找商机的方法。不可引起歧义和误导，阅读时需斟酌推敲。

为书写整理好此书稿，要特别感谢我所在单位的领导、同事和我的同学、朋友，没有他们的大力支持和帮助，此书很难完成，在此表示衷心感谢！

沈满涛

2020 年 9 月 19 日

目 录
Contents

前 言 / 001

第一章　商机获取与把握
一、如何寻找商机 / 001
（一）需求牵出商机 / 001
（二）发展蕴含商机 / 003
（三）未来充满商机 / 004

二、如何抓住商机 / 005
（一）选准创业项目 / 005
（二）抓住关键要点 / 007
（三）力求速战速决 / 010

三、如何跟进商机 / 013
（一）确立发展战略 / 013
（二）组建雄师百万 / 016
（三）坚持联合作战 / 021

第二章 种植业养殖业中的商机

一、种植业养殖业分析 / 024
（一）传统种植方式突破有难度 / 024
（二）增收植物种植发展比较慢 / 026
（三）规模化养殖发展存在制约 / 029

二、种植业养殖业未来发展趋势 / 030
（一）粮食生产关乎人类生存之根本 / 031
（二）大规模集中种植将是发展主流 / 032
（三）基地化养殖和零散养殖将并存 / 035
（四）农民的未来有广阔的发展空间 / 037

三、发展种植业养殖业会有更多机会 / 039
（一）建立新型种植养殖基地 / 039
（二）研发经营新型生产资料 / 041
（三）开创生态销售新通道 / 043

第三章 智能制造中的商机

一、中国制造业现状浅析 / 045
（一）中小企业基础相对薄弱 / 045
（二）自身发展动力不足 / 047
（三）"领头羊"式企业不多 / 050

二、未来制造业发展趋势 / 051
（一）第四次工业革命是世界争夺战 / 051
（二）中国一定会在战略上进行把持 / 053
（三）中国企业走联合之路是大趋势 / 056

三、智能制造带来的机遇 / 057
（一）发展互联网产业 / 057
（二）跻身智能化生产领域 / 059
（三）做好工业4.0配套服务 / 060

第四章　智慧城市建设中的商机

一、智慧城市相关概念 / 062
（一）智慧城市提出的背景 / 062
（二）智慧城市的概念和定义 / 063
（三）智慧城市的基本特征 / 065

二、未来看得见的智慧城市 / 066
（一）城市面貌焕然一新 / 066
（二）个人出行安全顺利 / 067
（三）社会文明规范有序 / 067
（四）生活住宅健康舒适 / 068
（五）社会服务周到便捷 / 069

三、智慧城市建设蕴含许多未知 / 070
（一）推动城市智能化建设 / 070
（二）带动更多领域发展 / 071
（三）促进传统产业升级 / 072
（四）智慧城市存在太多未知可以把握 / 074

第五章　智能交通中的商机

一、交通建设发展现况 / 076

二、未来交通发展趋势 / 080
（一）交通将进入智能化时代 / 080
（二）城市交通将会更加方便快捷 / 081
（三）交通设施将实现智能化管理 / 082

三、交通建设潜在商机 / 083
（一）参加未来交通设施建设 / 084
（二）紧跟交通工具研制步伐 / 084
（三）加入交通信息化建设队伍 / 085
（四）进入未来交通运营体系 / 086

第六章 智慧小区中的商机

一、现在的小区建设现状 / 088
（一）设施建设有待加强 / 088
（二）小区管理差距较大 / 089
（三）住宅装修较为传统 / 091

二、未来的住宅小区发展趋势 / 091
（一）小区将实现智能化管理 / 091
（二）房屋装修将向智能住宅发展 / 092
（三）物业将会被销售商接管 / 094

三、智慧小区建设项目较多 / 095

第七章 数字经济中的商机

一、经济建设趋于数字化 / 098
（一）大数据运用于社会各个领域 / 098
（二）全球大数据服务平台正在兴起 / 099
（三）大数据在经济领域广泛应用 / 100

二、数字经济将主控未来 / 101
（一）数字经济模式正在诞生 / 101
（二）网络技术成就数字经济 / 103

三、数字经济带来的可能 / 104
（一）虚拟世界的建设涌现未知 / 104
（二）大数据如同矿藏可供挖掘 / 106
（三）生产集群推出新工业时代 / 106

第八章 销售行业中的商机

一、网络销售现状分析 / 108
（一）网络销售发挥的作用 / 108

（二）网络销售存在的问题 / 109
（三）网络销售带来的影响 / 111

二、未来销售模式发展趋向 / 112
（一）不同商品需要不同的销售模式 / 112
（二）销售模式将得到相互促进优化 / 114
（三）个性化生产销售是未来新趋势 / 116

三、销售模式变化蕴含商机 / 117
（一）组建个性生产定制服务机构 / 118
（二）推动销售行业结成合作联盟 / 118
（三）全力发展智能物流智能仓储 / 120

第九章 人才培养领域的商机

一、未来人才培养领域的发展 / 121
（一）教育变革会有颠覆性的变化 / 122
（二）终身学习会得到全社会响应 / 125
（三）网络教学将成为大趋势 / 127

二、加快人才培养需要合力 / 128
（一）推动孩子教育启蒙 / 128
（二）推行网络辅导学习 / 130
（三）院校兴办网络大学 / 132
（四）创办各类人才培训机构 / 134
（五）打造终身学习平台 / 135

第十章 文化旅游产业中的商机

一、文化旅游产业差距分析 / 138
（一）旅游景区建设不足 / 138
（二）娱乐行业发展滞后 / 140
（三）餐饮缺乏特色 / 141
（四）人的休闲娱乐观念陈旧 / 142

二、文化旅游产业未来发展 / 144

  （一）建设休闲娱乐场地 / 144
  （二）建设文化娱乐场馆 / 146
  （三）打造区域旅游品牌 / 148

三、文化旅游产业潜在变数 / 149

  （一）高标准跟进建设步伐 / 149
  （二）大跨度改进旅游经营 / 151
  （三）融合式发展餐饮文化 / 153

第十一章 医疗健康行业中的商机

一、医疗健康领域的一些问题现象 / 155

  （一）医疗领域存在问题 / 155
  （二）健康保健不足 / 156

二、医疗健康的未来发展 / 158

  （一）更加注重疾病预防 / 158
  （二）健康保健成为时尚 / 160

三、医疗健康有新动态 / 161

  （一）医疗改革会有新变化 / 161
  （二）健康检查会有新机会 / 163
  （三）健康保健会有新需求 / 165

后　记 / 169

第一章

商机获取与把握

商场如战场,无论是做销售、做服务,还是做经济实体,首要的是寻找有利商机,撕开一个口子,才能实现创业的成功突破。

一、如何寻找商机

商机存在于生产制造业和销售服务业等领域之中,伴随着社会发展和人类进步而存在。

(一)需求牵出商机

1. 找出需求所在。描写明朝首富沈万三的电视剧《聚宝盆》中,讲述了这样的一个故事,说沈万三路过"盲人社"看到盲人在编织箩筐畚箕,马上想起采石人的对话:一人问"要编那么多箩筐畚箕干嘛?";另一人答"红巾军快要打到应天府了,需要箩筐畚箕抬土加高城墙"。沈万三立刻有了反应并做出决定,以50两银子价格买下了"盲人社"所有的箩筐和畚箕,最后以80个大钱1副箩筐、50个大钱1副畚箕的价格卖给了元军,让沈万三赚了大一笔钱，道出了"需求"是构成买卖的前提。清朝中期，苏州有一个医学家叶天士，在电影《医痴叶天士》有一个精彩片段，叶天士让一个乞丐种生姜芽，并说如果有人来买就以一两银子十颗芽的价格出售。后来这个乞丐果然卖出了许多生姜芽，解决了生活问题。那么电影中的叶天士怎么会知道种生姜芽能卖呢？是因为他从医疗角度分析会有一种病需要用生姜芽入药，才让乞丐种生姜芽出售的。这个故事也道出了潜在的需求也是商机。

2. 准确把握需求。中华人民共和国成立之初，百废待兴，商品物资匮乏，社会需求无法得到满足。在此背景下我国实行计划经济，按照社会需求安排生产和供给，通过政府部门汇总社会需求，并制订成生产计划反馈给生产企业，最终由生产企业按计划生产并将产品投放市场，完成需求到供给的全过程。计划经济时代的需求和供给，中间桥梁是计划，这个计划的派生源自社会需求。改革开放以后，我国开始建立社会主义市场经济体制，一切按市场变化规律运作，企业自行了解判断市场，并根据分析结果组织生产。市场经济对市场的把握是有难度的，而且存在诸多不确定因素，一般的企业根本无法把握市场，规模较大的企业也存在把控困难。市场如果把握不准，就会导致盲目生产，出现产能过剩、库存过大等问题，必须通过供给侧进行调控解决。2013年，我的一个高中同学和几个朋友合伙开办水泥厂，工厂开工不到2年，水泥被列为去产能对象，工厂关停。如果我的同学当初对市场需求有个大概了解，或了解国家相关的宏观调控引导方向，就不会出现如此局面。

3. 紧跟市场发展。20世纪80年代，改革开放初期，个人可以经商办企业，于是民营企业迅速崛起，工商个体户犹如雨后春笋，"物资紧缺"的需求使得处处是商机，可以说是"开门就能赚钱，开店就能做生意"。

比如，拥有一台机床的"家庭制造"，很快就可以发展成拥有多台机床的小厂；做服装生意的人，能够迅速从"地摊大王"转向"店铺经营"……如今，30多年的光阴过去了，当初的生意人，有成功也有失败。那么，同样的时代，同样的机遇，同样的经营项目，为什么有人成功有人失败？简单地讲，是经营思路和方法不同所致。这个经营思路和方法差异在哪里？就是有没有紧跟和顺应市场需求的细微变化，紧跟细微变化者才会成功。同样的店铺，前面的经营者失败，后来的经营者成功了，原因就在于此；同一个生产企业，换人管理企业就拥有新生机，原因也在于此。商机，准确把握了才是有用的商机，没有把握住就是别人的商机。

（二）发展蕴含商机

从理论上来讲，一个国家或地区，如果提出新的发展方向，必将会打破原有的路径，出现许多新的变化，从而也会带来新的挑战和新的机遇。这些机遇包括商机，如果能敏锐捕捉并合理抓住这些商机，必将造就新的商业业绩。"绿水青山就是金山银山"，最大的商机就是将"荒山秃岭"变成"绿水青山"，然后再灵活经营"绿水青山"变成"金山银山"。这个"金山银山"不是单纯地靠发展旅游业、"农家乐"，其包括的经营项目非常广泛，需要因地制宜，根据具体情况确定。"金山银山"还可以换一个角度思考，从两个大方面去理解。一个方面，引进科学，发展配套经济产业，包括旅游、生态种植、发展特色产业等，增加经济收益；另一个方面，就是让生态回归，看到健康的山，喝到健康的水，呼吸到健康的空气，修养好身体就是无形的财富，是实实在在的"金山银山"。

新时代的创业者，应当有担当有作为。一方面要积极努力寻找合适的商机，做更大的经营。另一方面是紧跟国家建设步伐，为国家建设作贡献。

创业者，应当为国家建设作贡献，这是一种责任，一种担当，更是一种智慧，把创业和建设国家统一起来，事业才能蒸蒸日上。当今的世界，正处于大发展、大变革、大调整时代，当今的中国更是如此。创业者应当关注国家和地方的建设发展，寻找潜在商机，并通过创业实践策应国家战略，实现人生价值。

（三）未来充满商机

手机当初只能接打电话，而如今的手机成了"万能"，通过触屏就可以做很多事情，包括拍照、看网页、付款等。今天的国产华为手机，功能更为强大，性能更为稳定，并推进网络进入5G时代，带来更大的发展，包括国家立足5G网络提出的新型基础设施建设（新基建）的概念。那么这些变化是怎么来的？20世纪90年代，马云创办阿里巴巴，实现了人们今天熟知的互联网销售、支付宝支付，改变了单一的线下商店购物和现金结算；马化腾创立了腾讯，实现了通过电脑手机发送文字图片、语音视频、视频通话，改变了传统的电话通信模式。这些智能手机、互联网销售、支付宝支付、视频通话等，从商业角度讲，创造了巨大财富，那么这些巨大商机是从哪里来的？今天的这些重大变化，就是当初的未来，是商界精英们引领创造出来的，商界精英们不仅创造了巨大的财富，同时也创造了当初的未来——今天。

四大文明古国，唯有中国的文明延续至今。中华文化不仅推动着中华民族的发展，同时也一直影响着世界。"一带一路"带给中国人民、带给世界人民发展机遇与挑战，这个发展机遇与挑战，就是最大的商机。作为新一代创业人，应当有这个智慧、气魄和担当，敢为天下先，敢于立志引领时代、引领世界、引领未来，抓住未来的商机，获得更大的财富，实现更大的人生价值。

二、如何抓住商机

商机浩如烟海，可以说无处不在。那么如何选择并抓住商机，打好关键性的第一仗，实现创业成功起步，这对于创业者来说尤为重要，必须一鼓作气，务求首战告捷。

（一）选准创业项目

部队作战，通常选择防守薄弱、战斗力不强的作战对象，出其不意，快速制胜。创业如同作战，同样应当首选难度小、好经营的项目，等站稳脚跟再图发展壮大。

1. 深入火线侦察，科学确立目标。

在什么领域创业，选择什么创业项目，需要综合考量。一是选择项目应当考虑个人兴趣、专业。选择的创业项目最好能符合个人兴趣，"知之者不如好之者，好之者不如乐之者"，乐于某项事业必将乐此不疲，必定会为之付出最大努力，这是成功的关键；创业项目的选择还应和所学专业相统一，熟知了解某个行业，才能更快地融入和引领行业；选择创业项目还应考虑拥有的社会资源，用好社会资源，实现成功创业。二是所选项目要有发展前景。拥有有前景的项目，加之后天努力，才有可能蒸蒸日上。不同行业均有未来，这是客观实际，但是会向什么方向发展，增长点在什么地方，需要分析考虑。未来的改变是巨大的，甚至是颠覆性的变化，需要结合社会发展、科技状况、行业动态等进行综合分析，找出不同行业不同时期的增长点，并加以把握运用。三是要从容易成功的项目入手。容易成功的项目，通常有投入资金小、用人不太多、组织难度不大等特点，但是利润也比较小。创业者要规避"高大上""一夜暴富"等项目。"高大上"的项目，通常有资金投入大、科技含量高、组织难度大等特点，成功概率低，容易失败，不适合初次创业者作为创业项目。创业者希望自己创业成功，挣得更多的财富，这是正常的心态，但是"创业"是第一位的，"发财"才是第二位的。选择项目应当服从成功创业和长远创业，急功近利，贪图眼前，会适得其反。

2. 学习成功经验，直接"照搬照抄"。

抗日战争时期，在中国共产党领导下，充满智慧的人民群众通过战争学习战争，成功地创造了地道战、地雷战、麻雀战等游击战法。初次创业者没有作战经验，但可"照搬照抄"别人的做法，从模仿学习开始。学习别人的经营，并不是机械地"照搬照抄"，而是有选择地学习和借鉴。

3. 着眼发展战略，开辟新的路径。

另辟蹊径具有很大的风险性和挑战性，但其意义深远，具有引领性和推动行业发展的作用，适合二次创业。经营项目选择，应当从传统行业入手、从了解的行业入手、从能够把控的行业入手，分析未来可能的发展趋势，看准突破口，选准切入点。首先可以向"绿色生态"靠。绿色生态是人们关心得比较多的，人们希望自己吃放心的粮食、喝放心的水、住环保的房子等，这是人们对美好生活的需求。需求就是商机。可以分析出人们对美好生活的具体需求，并找出合适的方法和路子进行服务和经营。其次向"信息智能"靠。5G时代的到来，冲击着每一个行业，网络化、智能化产品层出不穷，智能制造必将统治未来制造领域，服务行业也会面临重新洗牌，一切的变化都可能是革命性的、颠覆性的。一方面，传统企业如果不转型升级自我改变，必然会被淘汰；另一方面，创业者如果不能顺应大势，打好科技创新牌，可能在创业起步阶段就被扼杀。选择创业项目，开辟新的路径，需要谨慎，需要和未来科技发展方向吻合，才能有强大的生命力。还可以向"联合作战"靠拢。现代战争，坚持"海陆空天电"五位一体，实行诸军兵种联合作战，整合军兵种最大优势，成倍率地提高作战能力，把战场胜算牢牢地掌握在自己手中。现代经济如同现代战争，无论是什么行业，单打独斗的时代已经过去，整合力量、统一战线、联合作战才能最强，努力实现同行业和跨行业联合、同地区和跨国界联合、一二三产业大联合，所推动的事业才能更加辉煌，对社会所作贡献才是最广泛的，才能始终处于不败之地。

（二）抓住关键要点

战场上的要点高地，是敌对双方反复争夺的关键，谁控制了谁就掌握了战争的主动权。商业领地的争夺，同样存在要点高地，需要牢牢把握。

1.要站到能够深度了解服务对象的高地上去。要知道服务对象在哪里？有多少？需求是什么？等等。通过市场调查、大数据分析和平时的情况掌握，力求得出有价值的结论，以便研究制定服务策略。服务对象可以是单个人、社会团体或者是生产单位等。以零散的自然人为服务对象，可对不同的年龄段、性别、职业、兴趣爱好、生活习惯等特征进行筛选分类，找出共性和个性需求，包括教育、工作、生活、成长、健身、医疗等方面的需求，并长期观察其动态变化，以便提供更好、更全面和更前沿的服务，包括个性化、差异化需求的满足；以社会团体为服务对象，可对不同的团体性质、活动组织、人员组成等方面进行分析比对，找出不同的社会团体之需，分析出共性和个性需求，以便实施更有效、更快捷和更精准的跟进服务；以生产单位为服务对象，可主要以农业方面的种植业、养殖业、畜牧业和工业方面的原材料提供、半成品加工、配套产品生产等进行系统分析，力求对不同领域相关行业有一个基本了解，以便做出经营决策。客户是动态的、变化的，应当以提高服务水平为第一宗旨来吸引、扩大和固定住服务对象，尽量使客户不要流失。没有固定的客户何来经营。

2. 要站到能够了解熟知竞争对手的高地上去。现在的竞争者，可以是同行，也可以是相关行业。比如手机淘汰掉了电话、照相机、收音机、游戏机、钱包等。了解竞争者的目的，并不是为了要干掉谁，而是要保证自己不被干掉。了解同行和相关行业的目的是学习，知晓自己的不足，学习别人的长处，使自己变得更加强大，或者是结盟联合。一是要了解竞争对手手中的武器。竞争者手中的武器，是指企业拥有什么样的产品，可以是工业产品、农业产品，可以是服务项目等，如同作战使用的作战兵器，能不能有效"锁定"和"命中"服务对象是关键。通过学习了解，以便生产更好的"武器"，作战兵器不能输给对方。二是要了解竞争者的作战方式。商业上谈作战方式，就是谈经营方法。可以是局部突破，可以是全面推进，也可以是精确打击等，需要科学选择经营方法。了解对手的作战方式，就是先看看别人是怎么做的，借鉴好的方法，克服存在的不足，少走一些弯路。然后根据自己的经营规模、经营能力，选择确定适合自己的打法，打有准备的仗，打能打赢的仗，打能打得起的仗。三是了解竞争对手的战斗编成。也就是了解竞争对手的团队建设情况，学习其所长，把自己的团队建设得更加强大灵活，更加能胜任独立作战，更加能适应未来经济发展需要。现代战争，已经不再是大规模的地面争夺，而是以局部打击为主，实施精确打击、点上突破，打赢局部战争。经济建设已经不再是传统意义上的计划经济、市场经济，而是正在向数字经济迈进，创业团队建设也应当要适应这一变化。

3. 要站到能够洞察自我存在弱项的高地上去。军事领域中，导致战争失败的原因非常多，有战略层面的问题，也有战术层面的问题；有主观原因，也有客观原因；有指挥失误的问题，也有部队战斗力不强的问题等。在经济领域中，导致经营失败的原因也非常多，并且和军事领域十分相似，分析战争失败的原因，可借鉴运用于经济。（1）临阵怯战。通常发生在新兵身上，需要提高心理素质，强化"狭路相逢勇者胜"，敢于亮剑，敢于战斗。初次创业者如同临阵新兵，同样需要沉住气，不要因一时得失而慌了手脚，要稳扎稳打，不要半途而废，知道失败距成功只有毫厘之远。（2）打法死板。战场情况瞬息万变，灵活处置是取得胜利的关键，这也是"将在外军令有所不受"的科学之处。经营也是如此，创业者要顺应市场变化，力戒"刚创业就当老板"，需要深入一线及时发现问题解决问题，不可"纸上谈兵"，自觉践行"绝知此事要躬行"。（3）贪功冒进。这是年轻而自负的军官容易犯的错误，好大喜功，孤军深入，最后中了诱敌之计。借鉴于经营领域，创业取得初步成功时，头脑要特别冷静，要知道成功是存在偶然性的，不可盲目高估自己，防止被眼前的假象蒙蔽，导致进入经营误区。（4）盲目强攻。打仗是要靠实力的，"用我必胜""敢打必胜""勇者必胜""决战决胜"等战斗口号，表达的是决心、意志和精神，用于鼓舞士气、激励斗志，而不是要求死拼做无畏的牺牲。创业经营也应当如此，在条件不成熟的情况下只能蓄势待发，不可盲目蛮干。（5）行动迟缓。行动迟缓是导致战机延误的直接原因，不能在规定的时间内到达指定位置，没有形成对敌人实施最有效打击，或没达成诱敌深入目的等，都将会为后续作战带来被动，甚至是战斗失败。"北上广"有不少企业，办公室如同部队指挥部一样，夜夜灯火通明，看不到他们休息，其原因是什么？他们在和时间赛跑，不延误任何战机，这是走向成功的重要保证。（6）缺少援助。孤立无援，同样会导致战斗失败。不管是进攻战斗还是防御战斗，都需要争取火力支援和兵力加强、配属，并努力争得友军的支持和配合，这样更有利于完成战斗任务。创业经营应当学习借鉴，努力争取到更多的援助，包括金融、科技、信息等多个方面，还包括得到同行业和非同行业的支持，这样才能更好地实现创业梦想。（7）决策不一。目标一致才能得胜利。意见分歧，想法不同，行动就很难一致，既不能兵合一处形成拳头，又很难对敌合围实施有效打击，更为严重的是影响士气。借鉴于经济领域，合伙人或股东或企业主要负责人如果决策意见不一致，经营将会进入危险境地，是守好现有阵地还是组织出击，是选择正面攻击还是迂回穿插，是立足现有行业还是跨行业发展等，需要有一致意见，至少需要决策后的绝对服从，不能同舟共济定会舟覆江海。万事万物是相通的，军事上失败的原因是非常多的，均可一一学习运用于经济。

（三）力求速战速决

一鼓作气，再而衰，三而竭。打仗要的就是一鼓作气，久攻不下必然会影响士气。

1. 做好准备，快速攻击。部队作战，在确定好打击目标对象之后，通常是迅速组织战斗准备，并组织动员鼓舞士气，以便在预定的时间迅速投入战斗。创业同样需要做好准备，以保创业成功。（1）准备充分是成功的必要前提。创业不是冒险，但是存在风险，需要做好充分准备，才有成功的希望。创业非常不易，初次创业更是如此，需要整合家庭和社会力量，汇集起有限的财力和物力作为创业资本，一旦失败后果可想而知。有许多创业者曾立下誓言"不成功就跳楼""不成功就跳河"等，这些豪言壮语可以明志，但不可以当成创业如同赌博的错误创业理论。创业不是孤注一掷，也不能孤注一掷，不是唯有"血战到底"一条路。创业应当做两手准备：一是要做好精心细致的创业准备，力求尽善尽美，确保万无一失。二是要想到失利时如何全身而退，力求减少损失保存实力，做到"攻防兼备"。提前考虑并做好保存实力的准备，同样可以理解成创业准备的重要内容，因为唯有保存当下实力才有下一次创业的可能。（2）准备充分才能随时迎敌作战。作战等待的是时机，早了打草惊蛇，迟了延误战机。何时投入战斗不仅仅取决于自己。在天时地利人和完全具备的情况下，是不是就一定能打赢？这个还要看作战准备是否充分。创业虽然没有作战那样要求严格，但道理是相通的。（3）准备充分才能坚定"亮剑"决心。创业如同"亮剑"。敢于"亮剑"是有条件的，随使"亮剑"是莽夫，准备充分后再"亮剑"是智者。如果迟迟不敢"亮剑"，要么就是武功不行害怕打不赢，要么就是害怕失败存在后顾之忧。促成敢于"亮剑"的最好办法，一方面可以研究战法，做一些打法上的准备，增加胜算的概率。另一方面就是努力排除后顾之忧，让其能放手一搏。在实际生活中，有很多立志创业的人，有雄心，有思想，也有能力，但是就是迟迟下不了手，始终在创业筹划的路上。缺少这种"亮剑"精神，不能说干就干，需要增强胆识和排除后顾之忧。

2. 集中力量，重点打击。创业当然不会一帆风顺，经营中会遇到各种各样的问题和难题。创业经营，人才是第一位的，开展一般性的工作看不出来，当遇到疑难问题时，人才的重要性就突显出来了。人才如同部队装备了不同的新式武器，有其各自的独特本领，当遇到不同的碉堡工事时，用相应的作战兵器，将收到更好更快捷的打击效果。二是要集中火力打击。经营也罢，作战也罢，有些问题是复合型的，非常难攻克，需要专家会诊。从作战来讲，为快速攻克目标，就是要集中各种火力实施重点打击。创业经营，在遇到难题时，集中精英人才，进行集中研究破解，同样能收到很好的效果，有利于快速攻克难题和解决问题。三是要借力迂回打击。正面强攻不下就需要从侧面、空中或地下实施迂回攻击，往往会收到意想不到的效果。创业经营的迂回，意思是指借助外部力量，解决经营中遇到的疑难问题。比如采购紧俏原材料可能有钱也买不来，但借助他人的帮助可能问题就解决了。再比如拓展产品市场问题，有人介绍要比广告宣传来得快捷等。借力可以达到四两拨千斤的效果，可以是政府行政之力，可以科研院所之力，可以是社会团体之力等。必须要用，必须要会用，必须要经常用。

3. 强化意志，连续作战。创业需要速战速决，迅速打开局面，然而这只是相对的。创业本身是一个长期的过程，速战速决只是指站稳脚跟要快。创业需要有时间做保障，同时更需要有战斗意志做支撑，始终保持创业激情。（1）坚持"三个面对"确保时刻提醒。一是坚持面对宗旨使命。把创业之初确立的宗旨使命挂在墙上，坚持每天阅读，顺利时阅读，失利时阅读，时刻提醒自己要"不忘初心、牢记使命"，始终保持清醒的头脑。二是坚持面对工作计划。创业要有总体规划和思考，确立初步的长远目标，并在此基础上制订出阶段计划，坚持每天审视工作计划，确保创业有序推进不懈怠。三是坚持面对具体事务。要养成每天思考工作的习惯，收集了解各方面情况，分析工作中遇到的问题困难，及时改进工作方法，努力创新工作思路，把创业引向深入。（2）做到"三个一起"保持协作精神。首先是一起盟誓。不管是个人出资创业，还是和合伙人共同出资创业，都需要和员工一起共同努力。为达成目标一致，需要立下誓言，在思想上保持高度统一，才能保证大家同心同德、一起奋斗。其次是一起奋斗。创业者和员工一起奋斗，更有利于发现问题纠正问题。创业者和员工一起奋斗，更能够获得员工的尊重和支持。创业者和员工一起奋斗，更能听到宝贵的意见，群众才是最伟大的创造者。再次是一起担当。企业遇到困境并不稀奇，包括遇到发展瓶颈问题、面临外部竞争压力问题等，作为创业主导者要对企业负责、对员工的饭碗负责，要和员工一起选择面对而不是逃避。和企业一起共过患难的人，才把企业更当成家，这是企业的火种。（3）着眼"三个严明"借力道德纪律。一是要严明道德规范。无论是做服务还是做产品，都需要创业者和创业团队具有良好的品德。二是要严明职业操守。职业操守是对创业者、创业团队的具体要求，不仅要贯彻创业宗旨使命，同时要坚守职业道德、职业操守，争做合格的行业带头人，贯彻"小胜靠智，大胜靠德""做产品就是做人品"等理念，在人格的修炼上和事业的发展上取得双丰收。三是要严明规矩纪律。纪律是部队拥有战斗力的重要保证。没有严明的纪律，部队很难打胜仗，也打不了硬仗。同样，企业需要有严明的纪律，坚持赏罚分明，才能激发员工的斗志，才能打得了硬仗，才能啃得了硬骨头。

三、如何跟进商机

创业的成功起步，只是标志着占领了一两个阵地，夺取了一两座城池，想要有更大的发展，还需要开拓更大的疆土。开拓疆土，主要是占领未来新高地，因为新高地无人防守易得，同时新高地代表着行业的未来，蕴含着潜在的、前沿的和系统的商机，跟进它就是紧跟时代的步伐，就是引领时代的发展。

（一）确立发展战略

1.谋定大业情怀。（1）人生应当有梦想。因为梦想是一种指引，让人始终有一个奋斗的方向，知道往什么地方努力，知道关键时候向什么地方走，头脑始终是清醒的。因为梦想是一种精神，在人生奋斗的过程中，会到遇到各种困难和挫折，哪怕平淡的日子也会遇到，梦想会给你鼓舞和力量，让你拥有智慧和光明。因为梦想是一种希望，不一定会完全实现，但无限的靠近就是成功，其早期绽放出来的光芒就足够辉煌，让你享受到拥有梦想的快乐。（2）人生应当放大格局。人生格局有多大，事业才能有多大。一方面是起点要高。事业定位要力求高远，不要局限在挣钱和当小老板上，要首先定位在服务高度，再放眼贡献和行业引领，充分领悟"小胜靠智，大胜靠德"的道理，做事业的主导者，不要受钱财奴役。另一方面是心胸放宽。这个世界，没有什么一定是属于谁的，也没有必成的事情，成功取决于内在的努力和外在条件的具备，可以做不懈的努力，但不需要拼死一搏，做到有意"努力"无意"成功"，放宽心态就是一种"努力"，做到"工作生活化、创业常态化"，追求"奋斗在我，成功在天"的一份幸福安宁。（3）人生需要拓宽视野。眼界宽视野才宽。应当多读书、读好书，提高思想认识和人生境界，不断修正自己的人生观、世界观和价值观，不断激发奋斗动力和通晓大道的欲望。应当多交友、交好友，不断增长社会见识，增强社会阅历，提升认识世界分析世界的能力和水平。应当多思考问题，思考创业问题，紧跟时代步伐，不断完善创业思路，牢固树立服务为创业"第一目标"的意识。

2. 描绘宏伟蓝图。创业宏伟蓝图是一个长期的规划，是一个长远的目标，勾勒未来发展前景和可能实现的目标。（1）宏伟蓝图是创业道路上的灯塔。"君子务本，本立而道生"意思是说君子要致力于根本，根本确立了，治国、做人的原则也就产生了。其蕴含的哲理是，确立了最终目标和要做的事情之后，相应的指导思想、原则和执行规范等就能形成，其关键就在于能够长期"务本"。宏伟蓝图是创业之本，创业者专心于务此本，创业方向、创业方法和创业计划等就有了。有了这个"务"出的创业之道，在困惑面前才会勇敢向前不迷失方向，在成绩面前才会谦虚谨慎不骄傲，在诱惑面前才会保持定力不失德。创业目标是创业者的理想追求，寄托着无数梦想和美好未来，带给创业者不竭动力，为艰苦创业的道路上增添无限风光。（2）宏伟蓝图诞生于对未来的预测。宏伟蓝图可以描绘成占据某个行业未来发展的一席之地，可以是一个维度，可以是多个维度，立志占领整个行业也是可以的。至于未来行业发展的大蓝图会是什么样子，需要结合历史发展规律和行业当下矛盾之需，需要结合支撑行业的科技发展情况及其他因素的变化，需要结合社会制度和未来社会发展大势等，进行综合预测分析，研究出行业发展可能性变化大趋势。创业宏伟蓝图的制定，着眼于这个可能性变化大趋势，拿出适合创业者自己的创业目标。（3）宏伟蓝图完善于创业前进的道路上。宏伟蓝图只是个粗略规划，开始是概念性的和框架性的，当然也不是虚无缥缈的，是需要在实践中不断去完善的。这是为适应时代发展的需要，过去是"三十年河东三十年河西"，现在是"十年河东十年河西"，社会发展变化非常快，不确定的因素也比较多，提前规划、时刻完善。创业的成败也取决于创业团队，应当立足于创业团队的综合能力，推动创业实质性的发展。

3. 划分阶段任务。宏伟蓝图的实现，和其他系统工程一样，可划分成当前任务、今后任务和将来任务，科学有序地推进。（1）当前任务是完成创业起步。当前任务的完成，按照作战的要求，选择防守薄弱之处作为突破口，坚持"速战速决"的原则，迅速撕开口子，击溃消灭一线防御之敌，实现创业成功登陆。完成当前任务需要注意两个问题，首先是要清剿遗留在一线阵地暗堡工事内的有生力量，否则也会被这些无形的力量牵制掣肘。其次是创业初期存在立足未稳的危险，竞争对手会乘我没有实战经验、把控能力弱、周转资金未必丰厚等不利因素，采取恶性竞争的办法，对我实施反扑，和我争夺市场和客户，妄图打垮我。这时需要特别谨慎，确立多种预案，随时保护胜利果实。（2）创业后续任务是打牢基础，搭建通向未来的桥头堡。通过3到5年的努力，在完成夺占一线阵地的基础之上，向纵深发展，夺取更多纵深阵地，清剿盘踞之敌，取得同行业的认可，取得市场和客户的认可，其任务的完成标志着创业的成功。夺占纵深阵地，任务异常艰巨，当面之敌是行业竞争者，同时还存在市场是否认可自己、有没有好产品和先进的营销思路等问题。为保证后续作战任务的完成，一方面需要对市场和竞争对手进行侦察，知己知彼，百战不殆。另一方面就是要生产出好产品和做好优质服务，用好理念、好产品和好服务来打击"来犯之敌"，筑牢创业根基。（3）创业尔后任务是开疆扩土，向更高层次发展。开疆扩土可以分为两个方向：第一个方向是纵向发展，在行业内扩大地盘，向"高、精、尖"方向努力，挺进行业前沿顶峰，引领行业发展。第二个方向是横向发展，立足创业建立的根据地，实行跨界跨行业发展，把创业精神和经营理念带入其他行业，包括科技高峰攀登、规范统一行规、团结互助发展等，把个人价值和团队价值贡献于社会。

（二）组建雄师百万

打仗既要有会指挥的官，也要有能打仗的兵。创业同样需要强大的创业团队，方能攻城略地，建立丰功伟绩。

1.吸纳精英人才。企业的建设发展，至少需要精科技、会管理、善经营的人才。科技人才负责研发产品，如同研发新武器装备，直接关系到战争的胜负。管理人才负责生产管理，保障前方将士作战所需，提供足够的武器弹药。营销人才负责经营销售,如同将军带领装备精良的军团,出征商场。这三类人才如同军中之将帅,是各级的指挥员,直接关系到企业的发展和壮大,需要给予高度重视。(1)尊重人才。人才是企业发展的命脉。首先应形成尊重人才的氛围。在企业牢固树立尊重人才的理念。大力培养和树立人才典型,组织宣传学习,开展"学习典型"系列活动,让学典型在企业落地生根。其次应把尊重人才落实到位。知识分子,特别是科技业务人员,技术水平比较高,但为人处世未必圆融,对其言谈等不应过多推敲,多帮助解决一些困惑,把关心始终放在前面。再次是企业负责人应带头尊重人才。企业负责人更要认识到尊重人才的重要性,发挥好榜样的作用,带头相信人才、请教人才、学习人才,增强人才的自信心和自豪感。(2)重用人才。首先是培养锤炼人才。年轻的大学生、研究生等,通常以理论知识见长,实战经验不足,应给其锻炼机会。一是应让其多参加实战训练,增强实战能力,鼓励其把理论知识和实际操作结合起来。二是赋予其担子,让其从小的事情开始,给其独立指挥的机会,并全程协助其完成,保存其锐气。三是宽容待之。年轻人往往年少轻狂,做事不一定能处处周全,可能还不如一个老员工,但应看到其后续发展和潜在能量。小败才有大胜,应尊重人的成长规律。尔后是委以重任。概括为两大方面:一方面是赋予科研任务,根据企业发展需要,组建科研团队,让优秀人才从生产领域剥离出来,重点从事科技创新、信息攻关和营销策划等方面的课题研究,让企业建设发展有新的突破。再一个方面是吸纳其进入企业核心,特别是科技人才,让其直接担任领导职务或担任顾问,发挥科技人才独特优势,增强企业科技决策等方面能力。另外,安排科技人员"参政议事",也是为企业储备复合型干部,培养既懂技术又懂经营的复合型人才,实现企业领导层"技指合一"。(3)提高待遇。提高人才待遇的目的,是从物质和经济利益上增强其荣誉感和自豪感，另外也是为其排除后顾之忧，让其轻装上阵更好地工作。一是提高工资待遇。二是提高工作待遇。对有特殊贡献的科技人员和专家型人才要高度重视，并为其设立专门的办公室、工作室、工作间、工作台、工作席等，让其有属于自己思考问题和研究工作的空间。三是解决实际问题。用好国家和地方政府的政策，由企业统一出面协调，帮助解决住房、孩子入学、就医等一系列问题，同时对于经济困难的特殊人才家庭给予特别补助。

2. 推动科技武装。"科学技术是第一生产力"是马克思主义的基本原理。部队强调的是战斗力，企业强调的是生产力。推动科技武装，提高人员科技素质，是企业发展壮大之根本。（1）确立"科技强企"战略。一是要认识到"科技强企"的重要性，并应当成企业的长期发展战略来抓。坚决纠正单方面抓营利的消极发展理念，应以壮士断腕的精神推动"科技强企"战略，团结一切力量使"科技强企"落地生根。为推动"科技强企"战略，可视企业为科研院所或技术院校来建设，开展举办学科技和用科技活动，尊重知识，尊重人才，浓厚"科技强企"氛围。二是应成立"科技强企"的组织领导机构。任何工作的开展都离不开人，有专人负责，工作才能运作得起来。在企业内部，应组建包括科研机构在内的若干"科技强企"的活动组织，负责"科技强企"得到落实。三是应长期坚持和科研院所或技术院校合作。科研院所和技术院校如同银行一样，可为企业建设发展提供"科技货币"。应当要和其建立长期合作关系，不管有无产出，都要带着资金支持科研事业。把企业发展的方向和需求告诉科研院所和技术院校，请求给予科技支持。把科研院所和技术院校的技术人员请到企业来，帮助传授知识、革新技术和培养人才。（2）积极推动科技学习。著名的管理学者彼得·圣吉，在《第五项修炼》中提出建立学习型组织，描述五项修炼为自我超越修炼、改善心智模式修炼、建立共同愿景修炼、团体学习修炼和系统思考修炼,可以说能够从根本上解决企业发展问题,赋予企业光明的远大前景。作为新时代的创业人或创业团队,应当充分学习借鉴,把建设学习型企业作为创业的重要工作来抓。一是集中组织人员学习尖端技术。借助和各类科技院校合作这个平台,立足企业发展需要,定期组织人员前往参加技术培训,学习前沿科技。安排部分技术骨干到科研院所进修,带着技术革新任务,和科研院所相关人员一起工作,一方面完成革新任务,另一方面为企业培养科研人才。二是请专家教授来企业举办科技讲座。努力提升企业人员科技素养。三是鼓励大家自觉践行终身学习。鼓励自学,鼓励深造,培养并宣传学习典型。组织自学,提倡人人有学习目标和计划。当然,要力戒形式主义,以任务形式要求写心得,盲目组织不切实际的学习活动,偏移工作重心,把抓学习当成主工作,影响企业建设发展等。(3)不断促进成果转化。推动成果转化,一方面是贯彻"学为所用""学以致用",用科学知识来推动企业的建设发展。另一方面也是调动学习科技的积极性,贯彻"学而时习之不亦乐乎",把学习变成快乐的事情,让学习充满生机活力。一是举办科研成果研讨交流会。前提是坚决克服形式主义,不定课题,不压任务,不和利益挂钩,贯彻"无为而治"理念。二是开展"小发明小革新"比赛。提倡发明创造,推进技术革新,把学习科技形成的成果变成工作实践,变成生产制造,一方面助力技术革新,另一方面不断打造企业科技底蕴。三是立项组织科技研讨攻关。这是科技武装的主要落脚点,学科技归于用科技。应当从三个方面考虑:一方面是根据企业生产需要,着眼企业生产情况,革新落后技术,提高生产效率;一方面是顺应市场发展,贯彻智能化、网络化、信息化等,提升产品技术含量,使其始终处于领先地位,保证其占有市场主导位置;再一方面就是着眼未来发展，提前储备技术。另外，推动科技成果转化，也应当是创业的重要使命之一，努力推动行业向更高水平发展。

3. 强化战斗精神。那么如何强化战斗精神？（1）要解决好为谁打仗的问题。围绕"把企业建成员工的企业"做文章，使企业所有人都知道并认同企业不仅是老板的更是大家的。首先要统一老板自己的思想，企业发展壮大到一定程度，企业就真的不是老板自己的了。这个问题，作为企业主要负责人，必须从一开始就要认识到，否则就不要发展壮大。其次是要做好企业收入的合理分配，支援国家建设、留下扩大生产、支付员工工资，力求公开透明，让企业每一个人都知道公司经营和利益分配情况。再次是统一员工的思想。通过工作任务的分工、工资的发放等许多实实在在的事情，告诉企业全体人员，他们和企业共存共荣，他们是企业的主人，为企业而战也是为自己而战。（2）要解决好不怕牺牲的问题。推动企业建设发展，虽然不需要员工流血牺牲，但需要员工一心一意，克服困难，努力奋斗。这其实是一件非常难的事情，那么如何能做到？首先要让员工认识到企业最终是大家的，是国家的。个人或合伙人共同投资创业，企业所有权虽然属于某个个人或合伙人，但企业发展到一定规模以后，也可以看成不属于某个个人或合伙人，因为如果所有员工一旦离开，企业就不存在了。企业是大家的，企业壮大了员工才会有最多回报。企业是国家的，企业壮大了才能为中华民族贡献力量，学习任正非创办的华为技术有限公司，屹立世界东方，成为中国制造业新的高地。其次是需要把员工的报酬和实现人生价值结合起来，倡导干好本职工作就是服务社会贡献国家的伟大壮举。积极推崇立足岗位作贡献是就是干事创业，讲清创业者、企业负责人也只是占一个工作岗位，并在这个岗位上孜孜不倦地追求个人梦想、实现人生价值，鼓励广大员工和创业者、企业负责人一起创业，把个人价值的实现推向最高境界。再次是崇尚英雄、学习英雄、厚待英雄，只要是为企业、为民族、为国家作贡献，企业就要善待之，给他崇高的荣誉。同时，建立英雄谱、设置"英雄节"，长期传颂，永远学习。另外，组织员工定期祭拜民族英雄、革命先烈，传颂中华文化传统美德等。（3）要解决好行动不一致的问题。不管是在什么时候，也不管是在什么情况下，所有人能心往一处想、劲往一处使最为关键，"人心齐泰山移"的道理无人不知、无人不晓，但要做到却非易事。首先是确立行动一致的理念。企业可通过引导教育，在企业形成"生产销售一致""管理科技一致""干部员工一致"等，把企业全体人员统一在一个层面，为企业建设总目标的实现不分你我、不分彼此、不分干部员工，努力形成强大的力量。其次是融入到实际工作。"生产销售一致""管理科技一致""干部员工一致"等，要当成口号喊，鼓舞士气。同时要融入到工作中去，把其精髓实质反映到具体工作之中，成为工作指导永久性习惯，并努力在全体人员头脑中打下深深的烙印。再次是作为衡量工作作风的基本依据。要把"生产销售一致""管理科技一致""干部员工一致"作为筹划工作、布置工作、验收工作、考评工作的根本依据。创业也罢，工作也罢，最重要的是要干起来，要行动起来，要一起行动起来，这必须要靠行动一致，行动一致则目标才能得以实现。

（三）坚持联合作战

未来行业具有网络化、数字化、智能化等特点，同行业和跨行业之间也都有关联性，未来更多的个性化需求其实现难度也增加了，犹如复杂坚固的一道道防御体系，挡在了创业者面前。这些复杂坚固的防御体系，已经不再是钢筋混凝土结构，仅凭一己之力已经无法摧毁，需要携手联合作战，才能保证一起向纵深发展。

1. 结成统战同盟。引领和推动行业的发展，不是少数人的事情，更不是个别人的事情，而是需要更多人的一起努力。一是坚持统战理念。团结一切可以团结的力量，把志同道合者、有担当的仁人志士联合起来，奏响行业发展共鸣曲、协奏曲，在社会这个大舞台上呈现出宏伟巨作。在行业中推行科技竞争、服务竞争等充满阳光的发展性竞争，坚决摒弃相互打击、相互拆台、相互压价等恶性竞争和狭隘思想。联合一切可联合的力量，打垮落后的科技、落后的生产、落后的服务，而不是击垮同行，四面树敌。二是订立盟约规矩。盟约订立是结盟的根本保证，需要不断研究完善方法路子，让志同道合者愿意摒弃小圈子、小利益、小矛盾，积极参与到联盟大家庭中来。盟约既要体现出结盟思想、联盟纲领、组织构架，同时要体现出利益分配、经营方略等接地气的做法，努力做到组织构架力求稳固共存、利益分配上力求让利于人和注入更多的积极因素。三是集中统一指挥。不管是什么样的战争，也不管是战役的大小，都需要有统一的指挥。联盟经营也是一样，需要组建联合指挥机构，分析研究行业发展方向，区别各自扮演的角色，甚至细化到组织形式和利益分成等，并在此大前提下统一作战思想，统一行动部署，统一动作协同，才能突显出联合作战的强大威力。如果没有统一的指挥，不能完成统一行动，也就失去了联盟的意义，联盟就成了形式。

2. 着眼创新引领。创新引领是联合发展的核心主题，是形成凝聚力和向心力的关键，是联合作战的重要抓手。而创新离不开科技，需要学习科技、运用科技、唱响未来。一是联合组建科研团队。在成立联合指挥机构的基础之上，组建科研团队是第二个联合实体机构，其重要性是不言而喻的。聚集各联盟企业的经济实力和人才优势，攻克行业发展高地，解决任何一个公司连想都不敢想的攀登科技高峰的问题，研发出更多好产品，给新产品注入新技术，努力在全国甚至是全球范围内形成影响。二是联手引领智能未来。未来向智能化方向发展，是一个总的趋势，有智能化生产、智能化制造、智能化交通、智能化小区、智能化教学、智能化医疗等。作为行业联盟，应当有这个担当，唱好这个主角戏，一方面引领行业向智能化方向发展，另一方面推动整个社会向智能化方向发展做出努力。三是一起优化市场调控。未来市场的特点，不确定因素很多，但是更加透明是肯定的，向数据化方向发展是肯定的。这一切的变化，应该引向科学、合理和良性发展。这是全社会的事，也是行业内的事。

3. 共同回馈社会。中国人民解放军为什么强大？原因是背后有全国人民最有力的支持。有了人民的支持便会拥有一切。其他任何社会团体都是一样。一是坚持贡献社会。创业者应当把贡献社会作为深层次的创业起点和落脚点，为实现中华民族伟大复兴而贡献力量，这才是最远大的目标，这才是最伟大的理想，这才是最崇高的境界。单纯为了个人利益、部分人的利益，企业不太可能形成强大的向心力、凝聚力和战斗力，也就不可能登上行业之巅，成为行业的佼佼者、领跑者。二是坚持服务人民。定位服务国家和人民，这是最具有智慧的商业决策，也是进军商业领域最强大的进攻性武器。三是坚持报效国家。报效国家和人民，也是在巩固联合经营这个平台，因为再大的企业、再大的集团公司，在人民群众面前永远是一叶小舟，得到人民的拥护企业才能平安航行，得到人民的支持企业才能蓬勃发展。企业不可忘本，需要巩固基础，铭记初心善念，支持国家重点工程建设，支援国防建设、文化教育、医疗卫生、扶贫济困等，担当社会责任，树立公司良好的形象，永葆企业的良性发展。

第二章

种植业养殖业中的商机

随着城镇化的不断发展,未来农民人口占比将不断降低,同时不再以种植粮食为主,粮食将由少数专业农业人员种植。而未来农民干什么?主要是以生态种植养殖为主,发展高效农业、特色农业,为社会提供放心的蔬菜、鱼、禽、蛋、肉类食品等。

一、种植业养殖业分析

改革开放以来,农村实行土地联产承包责任制,农民逐步过上了富裕生活,但也存在一些制约因素和发展矛盾。

(一)传统种植方式突破有难度

1. 田地划分制约。20世纪80年代初,农村实行土地联产承包责任制,田地划分成若干区块,分到各家各户。时隔40年之久,除了少数田地实行流转,以前划分的地块还是一家一户在承包种植。以前的田地划分有几种情况:第一种情况,田地进行"四分五裂"。当初生产队,为了方便土地承包，根据田地肥瘦、远近、形状、旱水田等，把田地分成若干地块，并用渠、路、树隔开划界，供农民抓阄承包。第二种情况，同一家庭承包地有多块。生产队为公平起见，把田地分成多个等级层次，好的田地统一分，差的田地也统一分，这样就出现了同一个家庭承包地有多块，有山地、有旱田、有水田等，并分布在不同地方。第三种情况，田地之间沟渠、道路纵横，浪费了不少土地。田地分成若干地块，方便了当初的土地承包，但是影响了今天的规模化种植，单个家庭实行不了规模化种植，几个家庭合并一处也实行不了，一般性农用机械在部分田地可以耕作，大型农用机械无法广泛使用，影响到了机械化种植，生产效益无法提高。

2. 种植人员制约。农村留守老人、留守儿童问题，是社会的一个热点问题。这些留守老人，也就是今天的种田主力军。以 20 世纪 80 年代划界分析，20 世纪 80 年代以前结婚的这一代人，当初扎根在农村，今天绝大多数仍然扎根在农村。20 世纪 90 年代结婚的这一代人在农村干活少在外打工多，对农业生产不在行，但在外打工有了发展，有些人还成就了不小的事业，有自己的阵地，有自己的经营，有自己的天地。21 世纪初到 2009 年结婚的人，年龄比较小。这些人通常学历比较高，不是一本二本就是三本，不是三本也是专科毕业。这一代人一方面没有种田经历，另一方面其父母也在想方设法为他们在城里买房，让他们在城里生活，回到农村种地是不可能了。结合上述情况分析，目前在农村种田的主力军，主要还是 20 世纪 80 年代以前结婚的人——当初的第一代承包人和其下一代部分 45 岁以前的人。这些生产主力军，年龄偏大、身体偏弱、文化水平偏低，已经不能适应未来科学化种植。

3. 种植方法制约。农田种植，需要实行机械化种植和科学化管理，生产效益才能得到提高。但是，受到农村田地相对割裂局限、种植人员习惯于传统种植方法等原因,农业生产效益无法得到大的提高,致使农村种地收入微薄,甚至亏本种植。由于不能大规模实现机械化种植,也相对增加了人力投入成本,同时农业生产资料价格上涨,这也提高了农业生产成本。农民辛苦种地一年,除去种子、农药、化肥等成本费用,年收入还不如在外打工半年的工资,影响到了农民种地积极性。国家为了保持农民生产积极性,一方面免去农业税,另一方面就是实行农业反哺政策,保证农民收入,鼓励农民种地。然而,这种矛盾不能长期存在,这种不科学的生产模式迟早要被打破。

(二)增收植物种植发展比较慢

1. 形成特色难。农民增收,通过种植经济作物,需要几个条件。首先是种植的农作物要不一样,也就是要有自己的特色。其次是要有市场需求或可以引领市场需求,有需求才有人购买。再次是要能推广种植,达到一定的规模种植量才能有相应增收。然而,纵观一些地方提出的特色农业、"一乡一品""一村一品",只有少数地方农民,通过发展特色农业,增加了收入,大部分农村主要还是靠打工挣钱贴补家用。那么,问题的关键点在哪里?主要还是没有"一乡一品""一村一品"特色。一是特色资源不多。农业不是工业,可以通过研发生产出新产品,增强企业市场竞争力。特色农作物,需要在当地寻找,或者利用当地的环境土地资源试种出适合本地生长的新农作物,经过市场分析,能够被市场认可,具有一定的需要量,才能推广种植。然而,这种特色明显的农作物,也是可遇不可求的,不是所有农村都有特色资源,山珍只有山上有,海味只能海里生长。全国大部分农村,是没有现成的特色资源的。二是形成特色困难。特色农作物,也可以运用现代科技,通过栽培技术,培育出新的农作物,比如石斛家庭种植、特色菌类大棚种植等，主要是设施农业类的品种。培育出适合大田种植的特色农作物不多，甚至没有。培育新品种，需要花几年甚至十几年的时间，有的还失败。培育新品种，投入非常大，包括人力、物力和财力。新品种种植难度大。一方面是对生长环境要求高，包括土壤条件、气候条件、阳光条件等。再一方面管理难度大，不是大田种植，春天播种秋天收，设施农业对技术要求非常高，需要全时管理。三是保持特色更难。为了走共同富裕的道路，推进农村一起致富的基本办法就是"试点推广"。这个推广就是复制，"一乡一品""一村一品"还是好的，关键是"周边一品""地区一品"或"更大范围一品"就不好了，市场优势没了，高附加值就没了，增收也就难了。这种复制，即使政府不推动，农民非常聪明也会主动学习模仿，导致的结果也是一样，实现了"特色"向"普遍"转变和"普遍"向"大众"转变，这是保持农业特色最大的尴尬所在。

2. 形成产业难。一个特色农作物，从种植开始，到发展成产业，是非常难的一件事情。首先是规模化种植问题不好解决。地方政府推荐种植项目，老百姓不敢响应，生产技术问题、产量问题、能不能卖出去等问题困扰百姓。地方政府不敢强推也不能强推。老百姓自行尝试种植，也是一个难题，没有胆识，没有敢试敢闯的精神是做不到的，因种植风险比较大。地方政府采取贴补的办法发展特色农业政策是比较好的，针对老百姓种植特色农作物情况，进行补贴，降低生产风险，解决了老百姓的后顾之忧。其次是转化成特色商品的问题不好解决。特色产品的特别之处就是"特"，"物以稀为贵"，具有特色的农产品应当有特别的价钱。然而，需要做深加工处理，需要做精美包装，需要打开市场等，这些工作谁来组织，又是政府？政府可以做服务，但不可以越俎代庖。让农民自己去做，当然也是不可能的，他们会这一整套的营销策略就不是农民了。那么怎么办？这就是问题的焦点，最后是贱卖了这些农产品。发展农村、致富农民是一个复杂的事情，需要政府引导支持，也需要有能人来引领牵头。政府不仅要在扶持上做文章补贴特色农业，同时也应当在选拔"领头羊"上做文章，在鼓励农民返乡办企业的同时，更需要采取多种办法鼓励返乡农民带领致富，让懂经济的人做农村干部，让懂经济的人带领农村致富。农村干部的选拔，随着时代的变化，应当在选拔条件上做调整，懂农业是需要的，但一定不是未来农村干部的首要条件。未来的农村干部选择，首要的应该是懂经济，会处理农业经济，会组织农民致富。

3. 发展制约多。增收性特色农业发展艰难，除了上面提到的容易被复制、难形成规模化、打开市场难等问题，其他方面的制约也非常多。一是市场变化难把握。百姓能不能跟着你干，取决于他们能不能得到实惠、能不能增收，如果市场因同类产品冲击或其他情况发生，挣不到钱农民就不会"原谅"你，就会停止。所以一方面要把握市场行情，尽管市场难把握也要去做。另一方面就是要把握人心，农民不是不讲理，而是看不到市场这个"理"，要带领农民一起干，也要带领农民一起分析市场，让他们知道有这个"理"。"人心齐泰山移""干群一条心，黄土变成金"。二是生态种植养殖难坚持。特色农业种植养殖，"特"是一方面，生态也至关重要。比如鸡蛋的价格，有的是每千克10元钱，有的是每千克20元钱，有的是每千克40元钱，价格的区别就在于生态，土鸡蛋、野外散养的生态鸡蛋价格比较高。特色农作物，同样要打好生态牌，不是生态种植就应当停止，否则没有前途可言，这是底线。然而，生态牌不好打，能够取得市场认可比较难。这个问题怎么办？只能坚持诚信经营，坚持多面宣传。"精诚所至，金石为开"，在坚定不移做生态的基础上，把生产过程适时向社会公布，并向社会承诺，努力取信于民，长期打造品牌。同时，做好农民的工作也是非常必要的。农民"等不起",容易放弃质量求产量,这也是比较难的一件事情。三是应当发展产业链。农民增收,发展特色农产品种植,不仅应当把特色农产品做好,同时应当做好能够增加更多收入的文章。在加工方面,不仅可以做简单的深加工,同时还应当把特色农产品做成相应的食品,并拓展加工其他食品的能力。在特色农产品种植投入上,包括种子、肥料、农药以及相应的机械化、自动化设施设备的安装设置等,可考虑自我保障降低成本投入,并在实现自我保障的前提下形成相应的其他产业。在对生产中形成的废弃物处理上,应当和其他农业生产形成的废弃物一起考虑处理,努力化废为宝。上述每一个项目,都非常有意义,但是投入都比较大,实现起来也比较难。

(三)规模化养殖发展存在制约

农村发展养殖业是农民增收的重要来源,但是,受到客观条件制约,在规模上受到了一定限制。

1. 养殖业污染大,大规模展开受限。(1)家禽养殖。以养鸡为例,以前的鸡粪肥是最好的农家粪,其含纯氮、磷(P_2O_5)、钾(K_2O)约为1.63%、1.54%、0.85%,特别适用韭菜的种植。而如今一些养鸡场清理出来的鸡粪肥,不仅不能使用,而且容易使田地变成盐碱地。原因是一些养鸡场使用的鸡饲料加了盐,所以鸡排出来的粪便是咸的,不经过处理不能使用。当然处理成本也是比较高的。(2)牲畜养殖。以养猪为例,影响生态环境的主要因素有:①猪粪便影响了空气的质量,养猪场附近范围内,特别是居住下风的村民,受影响比较大。另外,猪粪便乱排乱放,也严重破坏水源,下雨天随雨水流入附近河道中。②养猪场的猪病死需要严密掩埋深埋处理好,否则会对周边其他养殖户有影响。③大型养猪场猪群噪声大,影响了周边环境的安宁。（3）淡水养殖。以养鱼为例，其污染主要包括：①残饵腐烂。养殖户没有控制好饲料的投喂量，投放了过多的饲料，这些残剩饲料腐烂影响了水质，增加了水体中的有机物污染量。②肥料污染。从养殖角度来讲，适合鱼类生存，水质需要一定的肥度，利于微生物的生长，也才利于鱼类生长，但过多投入肥料，必然造成水体污染。③药物污染。鱼类在养殖过程中生病属正常，养殖户存在随意用药、加大剂量用药的情形，甚至使用高毒、高残留的药物。另外，养殖户为防止鱼类生病，在饲料中长期添加抗生素药物，经常使用抗菌杀虫药物泼洒水面，造成药物污染。

2.市场诚信树立难，生态养殖遭质疑。这是制约养殖业发展的又一个因素。我国的市场环境，在主管部门的统领之下，在全体市场执法人员和社会各界人士共同努力之下，市场秩序得到了极大的改善，不法商人越来越少，假冒伪劣产品也越来越少，但是漏网之鱼还是有的，新出现的不法商人也是有的，规范市场秩序是一个长期的过程。不法商人为了牟取暴利，采取各种手段，以假乱真，以次充好，难以辨认，养殖类产品则更是难辨认，比如是人工养殖还是海水养殖，是圈养家禽还是散养家禽，是注水肉还是非注水肉等，不是专业人士或销售人员，一般人很难辨别清楚。综合市场存在的这些不足，致使创立信得过的品牌比较困难，没有足够长的时间周期，消费者一般很难认可，并且还要堵住假冒漏洞。

二、种植业养殖业未来发展趋势

民以食为天。农业建设始终是头等大事，发展生态种植和养殖，关乎人民吃饭问题，关系社会稳定问题。

（一）粮食生产关乎人类生存之根本

1. 国家会始终关注粮食问题。目前，我们国家的粮食生产，除了大豆需要进口以外，基本能够实现自给自足。如果遇到荒年灾害，也没有什么大的问题，国家和地方储备的大米、面、玉米、豆类（大豆）和食用油等，可以保证应急食用。中国也进口粮食，是因为要解决部分粮食品种的结构性问题。粮食不仅仅是人民的生活必需品，同时关乎政治大局。2013年12月，在中央经济工作会议上，习近平总书记强调指出"中国人的饭碗任何时候都要牢牢端在自己手上。我们的饭碗应该主要装中国粮。"并提醒我们"保障国家粮食安全是一个永恒的课题，任何时候这根弦都不能松。"总书记还强调"我国是个人口众多的大国，解决好吃饭问题始终是治国理政的头等大事"。为此，国家是不会让粮食出问题的，也不能让粮食出问题，任何组织和个人都不能打粮食的主意，只能按照国家的政策种植生产好粮食。

2. 生态种植养殖一定会解决的。因利益驱动和防治病虫害，部分种植饲养户，在粮食种植和牲畜饲养时，存在盲目使用农药、生长激素等，一定程度上影响了粮食、肉类的品质。比如，在种植韭菜时，为防止韭菜生虫，在韭菜根部铺上一层农药浸泡过的肥料，抑制病虫害。在种植水稻时，由于同一块田地年年种植，水稻会更容易生病生虫，并且病虫害还具有抗药性，只能加大剂量或使用新药。这方面，《现代农业科技》记载有农田农药使用调查与土壤残留分析：选取具有代表性的3种类型农田（水稻田、瓜菜地、芒果地），对农田农药使用情况进行调查，并对土壤21种农药残留进行检测分析，结果表明：水稻田用药种类最少，其次为芒果地，瓜菜地最多。抽样检测分析，3种类型农田的土壤总体清洁，唯有噻嗪酮和三唑酮2种常规农药超标。其中水稻田和芒果地噻嗪酮超标，瓜菜地噻嗪酮和三唑酮超标。养殖户在牲畜饲养上，通常也使用添加剂饲料，生猪3个月可以出栏、鸡鸭2个月可以出售。上述这些问题，解决是有难度的，一是生产者需要觉悟，自觉用道德规范去约束自我，同时要清楚未来生态食品才会有更大的经济效益。二是市场监管需要在源头和流通环节上下功夫，重点抓住生产者生产过程、粮食流通过程，控制质量不过关的粮食流入市场。三是粮食购买需要去信得过的商店，不贪图便宜，没有需求就没有种植。

（二）大规模集中种植将是发展主流

1. 这是发展现代农业的需要。现代农业是在现代工业和现代科学技术基础上发展起来的农业，是农业发展的未来趋势。一是现代科技会广泛地运用于农业。现代科技在农业方面的运用，包括种植和管理两个方面。首先是种植。机械化设备广泛运用于农业，是未来机械化种植的常态。同时，智能化设备也会逐步运用于农田劳作，逐步替代农民个性化劳动。其次是管理。利用监控探测设备，观察分析农作物长势情况，包括土壤结构的检测等。利用智能化灌溉系统，适时给农作物浇水施肥。利用声、光、电、磁、热等技术，控制植物的生长及生长环境，促使传统农业逐步摆脱对化肥农药等依赖，抵抗病虫害，获取高产、优质、无毒等农产品。二是传统农业会逐步走上商业化道路。传统农业是纯生产型的自然经济，未来农业势必为提高其价值和服务旅游业、食品加工业等合作，或者直接自行经营，把农业作为其发展平台，实现利益最大化。比如，根据地区自然环境条件，发展农业生产和休闲观光融合，播种观光性农作物，在种植花样打造上进行设计，实现农业生产和观光休闲为一体。比如，农业生产和食品粮食加工联合，把稻谷加工成粮食、把粮食加工成食品等。再比如，立足拥有独特的农业资源，开发特有的名优产品，并直接和市场对接，走定制种植、定量生产路子，把名优产品生长全过程，在网上全程展播，吸引集聚粉丝。三是传统农业也会向工业化迈进。未来的农业工业化，应当是一个重要的发展方向。从现在的设施农业开始，逐步过渡到运用高科技设备和科学的管理方法，人工创造出特殊的生长环境，彻底摆脱自然环境的制约，如同工人生产商品一样，实施大密度高效率的种植和养殖。农业工业化，生产出来的农作物、速成的家禽生畜，也有制约的瓶颈问题，包括农作物的生长素、动物饲料的把关选择等，符合生态要求，不损坏人体健康是关键，这是需要考虑攻关的问题。

2. 这是节约资源成本的需要。我国的粮食价格，在国际上的竞争力相对处于劣势。分析我国粮食价格在国际上不占优势的原因，是因为我国的粮食综合生产能力不强，具体体现在三个方面。①耕地资源不足。我国的耕地面积约20.27亿亩，人均耕地面积只有世界平均水平的1/2。②人工成本投入大。2009年—2014年，中国小麦、大米、玉米3种粮食生产成本上涨率是78%，其中人工成本上涨率就达55%。③一家一户的小农生产模式，无法和欧美机械种植模式抗衡，提高了生产成本，限制了科技应用。综合上述三个方面因素，要改变中国农业生产落后的现状，节约成本资源是重中之重。首先是不能浪费农田。其一，农村为便于分田到户实现联产承包责任制，耕地成碎片化状态分布，以路、沟、渠、坎等划界，浪费了大量耕地。其二，农村宅基地也占用了大量农地。农村宅基地用地标准是，平原或者山区通常不超过233平方米（0.35亩）。全国有多少农户？有资料显示，到2016年底，全国有2.3亿农户，按照每户占用宅基地200平方米（0.30亩）算，全国有460亿平方米（0.69亿亩）农田被宅基地占着，加上农村划界用的路、沟、渠、坎占用，应该可以改造增加不少农田。对于农村宅基地转移的问题，在全国很多地方将其置换成了工业用地、商业用地以及其他用地，包括无原则地扩大城市面积、超标准建楼堂馆所等，极大地浪费了农业耕地，这也是需要全面统筹的新问题。其次是减少人力成本。20世纪80年代初，农村分田到户实行联产承包责任制，各家各户自行组织生产劳动。一开始，不可能家家买得起拖拉机，耕牛又成了主力军。而把时间推到今天是什么情况？小型拖拉机已经退出了农村，耕牛也早就没有了，大的耕种和收割由专业人员用大型机械帮助耕种和收割，用工农户按田亩付服务费。这样的付费式耕种，也算是实现机械化种植，但是日常的田间管理、小面积耕种，包括锄草施肥等，还需要投入大量人力，无法用机械化现代化设备代替。唯有实现现代化种植，才能把人力从劳动密集型中解放出来，一方面降低生产投入，另一方面腾出人力可就近从事其他工作增收。

3. 这是改变农村面貌的需要。人们向往美好生活，希望过上好日子，这是正常的事情。因为，农村的道路交通问题、环境卫生问题、看病就医问题、子女上学问题、生活保障问题、社会服务问题等，和城里相比，还是有一定差距的。当然，农村也有好的地方，空气清新、环境安静、节奏不快、消费不高，还可以买到新鲜蔬菜、散养鸡鸭、放心粮食，有条件的还可以自己种植养殖，具备退休养老、安逸生活的基本条件。至于未来的城市，也并不一定是个好去处，随着城市人口积聚、城市压力加大，未来城市原有的优势也会消失，拥堵的交通、狭窄的空间、快速的节奏、喧嚣的环境等，将压得人透不过气来，而这样的局面还很难打破。如果严格按照城镇化建设标准，对农村集中居住区进行建设，加大功能投入，加强环境改变，解决交通问题，未来农村一定是个好去处。一是重新规划。建设居住区进行建设投入，通电、通水、通气、通网以及精神文明建设等，提高社会服务质量，提高城市化生活品位。整合土地资源，让有能力的人出资，实行现代化种植。在农村建设快速通道，改变农村交通不便的现状，缩短城市和农村距离，方便城镇和农村交流。二是恢复生态。采取人员集中居住减少生活污染，实现科学种植减少农业污染，加大工业治理力度控制工业污染等，把晴朗的天空还给农村。三是树立新风。环境得到美化，居住相对集中，有利于提高社会文明。面对美好的绿化环境，人人都会去自觉维护。生活在同一个小区，邻居关系会变得和谐。有了文明小区、文明社区作为基础，社会文明程度也必然会得到提高。

（三）基地化养殖和零散养殖将并存

1.拓展基地养殖。随着人们生活水平的不断提高，对肉类食品的需求也会提高。推行基地化养殖，是保证养殖业在数量上有突破，是丰富肉食品供给的必然之路。一些地方对规模化养殖有所限制，其根本目的不是禁止规模化养殖，一方面是为保护生态环境，另一方面原因是防止耕地被占用。我国陆地面积有960万平方千米，其中山地占33.3%、高原占26%、盆地占18.8%、平原占12%、丘陵占9.9%。我国的耕地面积约1.2亿公顷，占国土总面积12.5%，主要是平原地区。那么我国的山地、丘陵地等，除了森林覆盖以外，会有许多荒山荒坡等，适合饲养猪、鸡、牛等，发展空间很大。养殖业影响生态问题，在农村发展大规模饲养，首先是河道、农田会受到污染。牲畜排污量大，处理不及时或无法处理，会排放到河道或被雨水冲到农田和河道里，污染河道和农田。牲畜粪原本是很好的农家肥，但是如果喂养饲料里添加有盐分一类的物质，就不能作为肥料使用，否则会使农田碱化，无法再生长植物。其次是养殖场周围的空气会遭受污染。特别是夏天，苍蝇满天飞，弥漫臭味让附近村民无法生活。发展大规模养殖，无论是选择在平原还是选择在山地丘陵，都需要保护好生态，处理好排污、废物利用等问题。

2. 保持零散养殖。零散养殖，是相对于基地化养殖的一种提法，就是放开农村一家一户自由养殖，养殖规模和数量控制在一定范围内。农村有许多夹缝空间，比如池塘、河边、河套、树林、田埂、荒坡等，适合小批量养殖，应当合理利用好这些资源。虽然养殖数量比较少，但是广大的农村全面展开就相当于若干个生态养殖基地，可解决农村肉类自给问题，还可增加城镇居民肉类供应量。零散养殖需要统一管理，采取成立合作社等办法，一方面是控制数量，以保证农村生态不受破坏，保持农村环境卫生；另一方面是坚持生态养殖，保持传统的养殖方法，不使用激素、添加剂等，杜绝生猪3个月出栏、鸡鸭2个月出笼等；再一方面是保护生态肉食品供给价格，让农村饲养户不吃亏，保护零散养殖积极性，保证生态养殖、家庭养殖持续发展。

3. 发展立体养殖。比如，在河塘周围种植桑树，用桑树叶和蚕蛹养鸡，再用鸡粪种植桑树或发酵后喂鱼，每年再把鱼塘淤泥清出种植桑树，形成"植物—家禽—鱼类—植物"的种植养殖循环。再比如，种植植物饲养牲畜，用牲畜粪肥培育食用菌，再用食用菌下脚料培育蚯蚓，再用蚯蚓喂养家禽，再用家禽粪发酵养牲畜，再用牲畜粪肥发酵养鱼，最后再把鱼塘淤泥清出种植植物，形成"植物—牲畜—食用菌—蚯蚓—家禽—牲畜—鱼类—植物"的复杂的种植养殖循环。这种在植物、家禽、牲畜、鱼类之间形成的立体循环养殖模式，可有效解决生态保持、废物利用、人畜争粮等一系列问题。立体养殖属于传统的循环养殖方法，再次发展立体养殖当然不是照搬照抄，而是需要借助现代化科技，在种植养殖比例上和循环方法上，进行精准规划，推行信息化养殖，保持小循环匹配，保证小生态平衡，推动立体循环养殖良性发展。

（四）农民的未来有广阔的发展空间

土地流转、集体化经营，田地集中到少数人手里，农民的收入从哪里来？农民将来做什么？这是一个现实问题。将来农民的收入，一方面可以拿到土地承包出让金，另一方面可以从事诸多行业。

1. 进城成为新城里人。一是人口城镇化是国家的大政方针。党的十九大报告在"回顾过去五年的工作和历史性变革"中讲道"城镇化率年均提高一点二个百分点，八千多万农业转移人口成为城镇居民"。在"坚持新发展理念"中强调，要推动新型工业化、信息化、城镇化、农业现代化同步发展。推动人口城镇化，是国家发展大战略，是符合我国国情的，是发展农业现代化的需要，也是走更高层次开放型经济的需要。二是农民成为城里人是每一代人的希望。每一代人都是希望自己的子女有出息，能够建功立业于国家，能够过上好日子。当然，随着农业现代化的发展，农村也容纳不了太多的人，需要的是懂技术的新时代农民。三是未来农村和城市的差距会缩小。随着国家义务教育的普及和高校招录培养人才量的加大，不管是城里的孩子还是农村的孩子，都将会受到良好的教育，都将成为有用之才。农村出来的大学生可以在城里工作，城里出来的大学生也可以在农村工作，从事现代化农业工作。

2. 做发展农业带头人。农村人做发展农业带头人，有天然优势。生在农村，长在农村，了解农村，如果懂得相应农业技术，或聘用专业人士，更容易做好发展农业工作。一是发展规模化种植。联系几个志同道合者，筹集部分资金，首先从小规模种植开始，实现机械化种植，总结积累经验，积蓄团队力量。然后等待时机，在综合力量具备的情况下，再过渡到承租大面积土地，实行大规模种植，实现机械化种植、智能化管理。二是发展科学养殖。着眼高效农业，运用现代科技，利用环境资源，控制规模范围，发展科学饲养。高效农业，规模不大，投入不大，技术不复杂，容易借鉴学习，其生产也满足市场所需，非常适合农村创收。发展高效农业，个性化生产多，也便于消化农村劳动力。三是发展特色农产品。一方面发展本地特色农产品，另一方面引进外国特色农产品。我国南北东西跨度非常大，气候条件、环境位置和国外部分地区相近，包括土壤结构等。可尝试引进国外的农产品来国内种植，如果技术到位、管理到位，应该是有相当一部分农作物能够适应我国种植，甚至种植出来的品质优于原产地。

3.努力成为农业行家。未来的农业，科技含量高，未来的农民应当适应这一变化。一是成为粮食种植行家。未来的粮食种植，虽然种植的是传统粮食，但是由于种植方式、种植规模、管理形式等诸多方面发生了变化，现在的农业技术人员可能不能适应未来的发展要求，需要在更多方面有所提升。一方面不仅要懂得农业技术，同时还需要知道针对大面积的田地如何取样调查、改善土壤、息地换茬、生物治虫等，解决好规模质量的问题。另一方面就是要懂得包括机械化设备在内的现代设备的应用和相应技术，熟练使用手中的"高科技生产工具"。二是成为高效农业行家。依托当地资源条件，以市场需求为导向，坚持经济效益、生态效益和社会效益为一体，研究种植和养殖优质的植物、动物和微生物，辅之"设施农业"和"特色农业"，大力发展高效农业，努力创造名特优农产品，努力创造更大的经济效益。成为高效农业行家，发展高效农业，不仅能够提高经济收入，更为重要的是符合生态要求，适合长期发展。三是成为农产品经营者。农民经营农产品具有得天独厚的条件。农民生在农村、长在农村、了解农村，了解农产品，不需要考虑货源，找到市场直接经营。生态农产品同样需要代言。粮食生态问题是人们最关心的问题，包括蔬菜、肉类等，人们无法分辨生态，需要农民自己做出承诺保证。农产品需要提高附加值。好的农产品不能贱卖，需要包装，需要做加工处理，需要做成特色产品，打出品牌的农产品才能有更好的价格。

三、发展种植业养殖业会有更多机会

（一）建立新型种植养殖基地

1. 实现规模化种植。粮食种植是永恒的商机，土地流转为规模化种植创造了条件。粮食事关国家战略。"把中国人的饭碗牢牢端在自己手中"，就是粮食安全不能出问题。"民以食为天"，14亿人口要吃饭，粮食不能出问题。"自己种植粮食"、让"饭碗牢牢端在自己手里"，需要改变传统的种植方式，实现规模化、机械化、智能化种植，实现精准化、智能化管理，向管理要生态、要产量。

2. 种植特色农产品。贯彻高效农业思想，建立特色农产品种植基地，是农民富裕增收的好办法。（1）发展特色种植。我国是有14亿人口的大国，未来城镇率将达到70%以上，只有不到30%的农业人口。这些农业人口将来干什么？集中在什么地方？答案只有一个，住到风景秀丽的丘陵、山地、湖泊、河流等地域，种植特色农产品，包括养殖家畜牲畜和水产，做传统的手工制造业、酿造业等，在"特色种植"上做文章。（2）种植特色农产品前景广阔。中国物产丰富，各个地区都有特产，为人们所熟知的有东北人参，兰州百合、黄花菜，青海雪莲花、冬虫夏草，广西香蕉、菠萝、罗汉果、广东槟榔、波罗蜜、荔枝蜜、福建枇杷、龙眼、荔枝、西湖龙井、烟台苹果、河北雪花梨、金丝小枣、信阳毛尖，还有我们没有了解到的其他特色农产品，应该有成千上万种。这些农产品营养好、口感好、品质好，有的还富有很高的药用保健作用等。（3）开发新的农产品有优势。特色农产品的种植，在于特殊的地理位置，有特殊的土壤、合适的光照等条件，才能种植出特色农产品。中国地大物博，适合种植特色农产品的有足够土地资源。中国南北东西跨度非常大，和世界很多地区相比，不仅纬度一致，气候、气温、土壤结构也非常相近，便于引进种植国外农产品，让国外农产品在中国落地生根，赋予中国品质，卖出中国价钱。

3. 发展生态养殖。现在人十分追念一年生长的猪肉和过去的鸡汤、鸭汤，谈起来是津津乐道，可现在何处有？一方面是原生态养殖数量有限，而且还远远不如以前的生产量，壮劳力都进城打工了。同时，农民也不愿意出售手中仅有的鸡蛋、鸡鸭、生猪等，不是供不应求，而是无货可供，哪来的生态鸡鸭、猪肉？另一方面是需求巨大，人们生活水平提高了，无论是农村还是城里，购买生态食品的能力没有问题，需求量非常大，应该是供给十分有限。绝路也是出路，死门也是生门。首先是要转换观念。一方面要遵循"物以稀为贵"市场规律，不追求高产量，第一着力点要放在做"生态"上，保证产品生态就保证了价格，保证了价格就保证了利润。高产量低价位是得不偿失的，让生产者受累，也令消费者不满意。再一方面就是对生态的正确理解，并不是原始方法种植养殖出来的就是生态产品，当然原始种植养殖出来的属于生态产品。生态产品，取决于生长环境是否生态，而不取决于种植养殖方式，并不是集中养殖的就不是生态的，也不是散养的就一定是生态的，要看生长环境。其次是发展一体化。一体化生态养殖，就是以养殖业牵头，和其他种植业、加工业等配套相结合，处理好饲料提供、粪便化废为宝等问题，力求经济效益最大化。以养牛为例，牛粪发酵产生沼气用于照明做饭，沼肥用于植物生长，植物做成饲料再养牛。这是一个简单的一体化模式，根据养牛规模还可以延伸拓展更多配套产业。仍以养牛为例，牛粪可以发酵成肥，也可以做成干粪养蝇蛆，蝇蛆可以喂养家禽，增加发展家禽养殖，家禽粪便可用于种植果树等，发展果园的同时，用树的枯枝残叶生产菌棒发展食用菌，食用菌废料也可回田种植植物，植物再做成饲料喂牛等，在养殖、种植包括发展加工业之间形成产业循环链，此为一体化养殖，可产生强大的经济效益、社会效益和生态效益。再次是处理好关系。一个是牵头为主问题。一体化养殖也属于高效农业范畴，如果是种植业牵头就可说成是一体化种植。一体化养殖和一体化种植合在一起，一定程度上可以说成是高效农业。一体化养殖，要突显主体是养殖，一切围绕养殖包括养殖规模在内做思考和运作，不能因为发展其他副业而影响了主业，当然转型是属于另外一种情况。再一个就是产业匹配问题。简单地说，仍然以养牛为例，产生多少粪肥决定牛粪发酵规模，产生多少发酵肥料再决定相应种植，强调的是配套协调。如果要发展牛肉加工厂，没有相应牛产量是不能办厂的，原材料无法供应。配套产业匹配问题，理论上好说，但在实际操作上是比较难的，没有经验，没有量化分析，"一体化"就会变成"一团糟"。

（二）研发经营新型生产资料

未来的种植业及养殖业，需要新型生产资料做保障，主要是先进的农业生产设备、生态的方法防治病虫害和新型肥料饲料等。

1.设施设备智能化是趋势。田间的设施设备，主要用于喷洒灌溉、监控管理，了解农作物长势情况、田间生产情况等，定时浇水灌溉、喷洒农药、生产施肥。大棚温室等保护地的设施设备,还有具备给农作物定时采光和通风的功能。未来的设施设备,一是完善现有功能,对现有的设施设备进行革新,拓展功能,增强其灵敏性、准确性、可靠性、安全性等。二是向智能化方向发展,通过增加感应设备等,延伸监管的范围,了解土壤结构、水肥等情况,并将信息传输给"种植大脑"(农田种植电脑指挥中心),实现田间智能化管理。三是大型农用机械轻便化,向空中机械手发展,将更加智能、安全、准确、可靠、经济。比如种植收割问题,就可能像3D打印一样精准种植出"美丽的图案",空中机械手实现无人收割和种植一体化等。

2. 防治病虫害采用生态方法。同一作物连续在同一地种植,会使土地微量元素贫乏,还会加重病虫害。土地连续种植不息地,也会出现同样问题,只是程度要轻。为防治病虫害问题,传统办法主要就是"下猛药""下毒药",虽然治病防虫了,但也"伤"人了。为此,一方面应当有计划地实施轮作和让土地休息,轮换种植不同的作物和隔茬种植。另一方面就是要研究新型生态药物,只杀虫防病不伤害人。再一方面就是研究生物防病灭虫办法。比如,研究套种不同植物起到防病作用,研究生物界"一物降一物"来克制虫害,还包括光声电磁运用于杀虫防病等。

3. 各种微肥将应运而生。"一年多二年少,三年稀四年了"。说的是同一作物连续种植,因土地微量元素缺乏而减产断收。土地不休息也会有同样问题。据统计,我国中低产田占耕地面积的70%以上,其中大部分都存在着微量元素缺乏的问题。这就需要在土壤结构上做文章,不仅使土壤富含氮、磷、钾基本肥效,同时还富有作物生长的微量元素。这些微量元素应当存在于广袤的山区丘陵,存在于矿物之中,需要科学研究,提取加工成微肥,滴灌、冲施于作物。

(三)开创生态销售新通道

1.建立订单式生态销售服务平台。对于生态产品的需求,不管是在大中城市还是乡镇社区,都存在很大的潜在市场,只是人们识别生态产品困难,找不到有影响的信得过的生态产品供应渠道。为此,这方面需要有人去做。在网上搭建销售服务平台。参照网络销售模式,在网上搭建生态销售服务平台,展示生态产品及相应价格,为加盟的生态产品供应基地作保,让消费者和加盟生态产品生产基地在网上见面,进行直接交易或订单预购,方便消费者和生态产品生产基地。生态产品在网上展示销售,不仅可以打通国内销售市场,同时也可以走向国际市场,让外国人知道我国更多的生态产品,和外国产品竞争。在线下开设销售服务门店。在菜市场、粮油店食品店、小区社区附近,开设生态产品销售服务连锁店,和线上销售同步,让消费者更直观地看到产品,进行线下直接购买和提前预约预订。为增加消费者预购预订兴趣,可适当组织一些活动,在适当时间组织消费者参观,了解生态产品生产加工过程,让消费者放心购买。

2.推动更多的生态生产基地加盟。首先,创建基地。种植养殖按照生态要求,进行建设生产,全程视频,接受消费者监督。其次,需要对产品进行生态标识。市场上并非没有生态产品,以农村集市为例,农民销售的农产品许多是生态产品,但是也能看到不少小商贩兜售相似的产品,外形上、色质上还好于正宗的生态产品,价格还比较低,如果不是内行之人无法分辨。为此,需要对生态产品进行标识。一是清理加工。认真做好生态产品的清理整洁工作,并按照国家的标准要求做好防腐处理,保持产品卫生整洁。二是区分等级。按照外形、色质、大小、光照、时令等分类标准要求,对生态产品进行等级分类,一方面区分品质好坏,另一方面也是提高生态产品销售价格。口感好、外形好、包装好的产品，价格要上提，保证农民的劳动成果，保证农民生产积极性，也是保证消费者能买到品质好的生态产品。三是防伪包装。假冒伪劣产品防不胜防，突破防伪的方法手段是屡屡翻新，特别是畅销的名特优产品，市场上以次充好、以假乱真的太多，需要借助高科技手段进行生态防伪标识，需要结合打假部门一同打假，需要净化生态销售渠道防止假冒伪劣产品混入。

3. 走进消费者做生态食品加工。食品加工，包括谷物磨制、油类提取、制糖工艺、肉类加工、水产品加工，以及蔬菜、水果、坚果类加工等。食品加工，目前可能存在三大问题：一是防腐剂的超标使用。尽管国家有明确的防腐剂使用标准，但在食品加工过程中，为延长保质期和人工疏漏，加大防腐剂等化学物质使用量，影响人的身体健康的情形时有发生。二是添加更多其他材料。现在的食品加工，有相当一部食品已经不是原汁原味的了，如同做豆腐一样，添加不同比例的豆腐添加剂，原始的唯一的盐卤豆腐、石膏豆腐难求。三是给了伪劣假冒产品可乘之机。食品加工成品，从生产到消费者手中，有一定的时间和距离，给不法商人提供了机会。从生态食品加工来讲，保持食品的生态问题，上述三种情况均属至关重要的问题。为解决此类问题，实行属地加工管理，应该是很好的有效办法，借鉴现场磨制香油、现场榨甘蔗、超市现场加工营养品等模式做法，走进消费者生活圈，在购物中心、蔬菜市场、居住小区附近，开设生态食品加工店铺，也可和线下生态销售服务门店合并，根据消费者定制预约，缩短生产加工周期，减少防腐剂等添加材料的使用，接受消费者监督并保证质量，也避免假冒产品流入供应渠道，方便消费者买到放心的生态食品。做现场加工，当然存在成本提高问题，不能批量加工，人力投入多了，不便于大型智能设备投入使用等，需要后续研究解决。

第三章

智能制造中的商机

一、中国制造业现状浅析

一般人认为,中国的轻工业比较发达,重工业相对要滞后。但是中国是一个不甘落后的国家,自从改革开放以来,中国的经济以非同一般的速度在快速增长,目前是世界第二大经济体。中国的科技在全世界也相当有影响力,一些尖端科技非常先进,比如中国高铁、量子卫星、5G技术、"北斗"卫星、射电望远镜等,都属于世界一流水平。那么影响我国制造业发展的因素有哪些呢?相对来讲,应当在如下几个方面需要加强。

(一)中小企业基础相对薄弱

主要讨论分析的是中国中小企业,其建设规模小,抵御风险能力弱,独立生存能力不够。

1.生产能力存在差距。一是更新生产设备不够。有相当多的中小企业,包括一些大企业,设施设备还是20世纪建造,只相当于工业2.0的水平,做批量生产还可以，谈不上智能生产。有少数企业甚至只能做一些简单的材料加工。这些企业转型也非常困难，一方面是没有转型的价值，粗放型的生产水平，谈转型不如说成新建。另一方面是没有转型的可能，无论是经济实力、技术力量，还是人才储备，包括企业的建设理念，不具备转型的条件。二是生产能力不平衡。传统生产能力过剩，重大技术装备、高新产品生产能力不具备。2016年初，国家出台供给侧结构性改革方案，围绕去产能、去库存、去杠杆、降成本、补短板，采取"去僵尸企业""腾笼换鸟"等做法，大刀阔斧地进行改革，对一些企业进行了逐步调整、优化和改变，以解决突出性矛盾。三是始终面临生存危机。在政府扶持方面，一些地方政府往往重视大型企业，忽视中小企业，政策资源等向大企业倾斜。在企业融资方面，银行"把关"特别严，大企业亏损能贷到款，而中小企业融资有难度。在市场地位方面，因规模小等诸多原因，只能处于劣势，没有话语权、引领权。

2.研发设计能力缺乏。我国的科技发展非常快，发展的水平也非常高。国防科技方面，诸多报道显示，很多尖端装备武器已经领先全球。我国的民用科技发展也非常强劲，包括航天航空、北斗卫星、通讯科技、高铁桥梁、大飞机制造等诸多领域，也已领先全球。研发设计能力缺乏主要是集中在中小企业。首先是自主研发设计困难大。自主研发设计，需要大量经费，需要科技人才。中小企业往往不具备实力，部分中小企业还徘徊在生存层面，没有经费做保障，也没有能力聘用高端人才。其次是部分企业领导格局小。一些企业领导人，创业之初是雄心勃勃，创业成功发展到一定规模后，特别是积累了财富、创业锐气会消减，"知难而进"变成了"知难而退""知难而避"，影响了自主研发的决心和信心，制约了企业向更高层次发展。

3. 发展工业 4.0 基础弱。我国的制造业，和德国、美国、日本等制造业发达的国家相比，还是有差距的。他们的工业基础比较发达，经过了工业 1.0、2.0、3.0 时代，现在正向工业 4.0 迈进。我国的制造业水平发展不平衡，有部分中小企业仍然停留在传统的批量生产上，相当于工业 2.0 水平。有部分中小企业虽然进入了工业 3.0，购置了智能化设备，但智能化水平还不高。制约中小企业向工业 4.0 转型还有一个重要原因，就是企业领导还不能适应工业 4.0，对工业 4.0 理解还不够，还不能形成向工业 4.0 跳转的决心。这是企业主要负责人的担当问题，也是创业之初的定位问题，企业应当勇于面对挑战，走出更宽更广的路子。

（二）自身发展动力不足

我国有相当一部分大中企业，由于其建设指导思想、内部组织构架、工作激励办法等方面存在不足，影响了企业发展活力。

1. 企业文化需要加强。企业是一个小社会，需要通过文化来形成感召力、影响力和向心力，把人的思想聚积到一起，使人"心往一处想，劲往一处使"，企业才能有发展腾飞的可能，然而这方面有不少企业存在不足。一是企业文化贯彻不到位。企业人员要忠诚于企业。从领导开始，到每一个员工，都要对企业忠诚，通过学习企业文化强化忠诚，通过学习企业文化干好事情。领导要带头践行，树立担当意识，不要把企业只当成挣钱平台和显示威风。企业员工要把自己融于企业，放大格局，和企业共进退，和大家同甘苦，团结一致才能有美好的未来。企业文化需要进入实际。企业文化不是口号，需要通过实际反映出来，比如"你把企业当家，企业就是你的家"，前半句员工做到了，而后半句企业也应当做到。员工再刻苦努力地工作，但体会不到企业这个"家"的温暖，"企业就是你的家"就成了空话，长期如此企业衰败就成了必然。二是企业文化缺乏系统性。企业文化应当是全面系统的，而不是支离破碎的。首先要确定企业的核心价值趋向，这是企业文化的基石，如同我们党的宗旨"全心全意为人民服务"一样，一切围绕宗旨，一切从这里出发。尔后围绕企业核心价值，派生出企业发展愿景、企业生产要求、企业服务态度、企业管理理念等，通过不同的表现形式，系统地阐述出企业文化组成，作为企业前进的不竭动力，持续推进企业不断向更高层次发展。三是企业文化缺乏时代感。也就是企业文化需要与时俱进，需要不断去完善充实，符合未来的发展要求。一方面要和中国梦合拍。从大的道理来讲，中国企业必需要和中国意志一致；从小的道理来讲，必须要顺应国家建设才能顺势有为。再一方面要和企业建设现状合拍。提出有针对性的理念，解决针对性的问题，推动重点发展。还要和市场发展合拍。适应市场大环境的变化是生存之根本、发展之可能、把控未来之必需。

2.组织结构需要优化。优化企业组织结构，让其内部运作更为灵便，其关系到企业的生存和发展。一是组织结构层次不清。企业主要负责人抓经济效益是对的，但是不能忽视企业要适应市场经济规律，及时加强对组织结构进行调整优化。这就如同军队打仗，强化打赢战争是对的，但是没有严密的作战组织，是很难打胜仗的。同样道理，企业内部组织不够科学，也是很难打赢市场经济仗的。二是管理模式缺乏灵活性。在管理方法上，强调科学管理，注重张弛有度，没有严格的管理不行，管理太死也不行。需要建章立制来规范管理，也需要张弛有度地科学管理。在管理责任上，职责要明晰，不要交叉管理，也不要扯皮推诿，保持管理层级和关系顺畅。三是需要加强对市场反馈信息的处理速度。一方面是要彻底改变传统的思维模式和工作方式，提高对市场信息反馈和处理的能力和速度。再一方面就是在企业转型升级为工业 4.0，实现信息智能化传输和处理，努力形成个性化批量生产能力。

3. 工作动力需要激发。调动工作积极性、激发工作动力，仅靠发奖金是不可持续的，几句表扬的语言也是不能奏效的，需要企业研究具体的系统办法，并要作为企业发展目标完成落实。首先是归属感的给予。现在的社会，现在的大学生，跳槽可能成了一种时尚，就好像不跳槽就体现不出水平，不跳槽工资就上不去，不跳槽叫"经历单一"。原因何在？一方面是由于年轻人的心性不定，这山看到那山高，喜欢折腾，喜欢比较。问其折腾什么、比较什么，相当多的人自己也不知道为什么，只是感觉这个单位好像不怎么样，其背后的原因，应该是这些年轻人一开始就不知道将来要干什么，当下只是尝试摸索。另一方面的原因，就是企业没有通过生活环境、工作环境、基本教育等，展现出、引导好企业就是大学生未来的发展平台，做"拴心留人"的工作不到位。其次是企业核心价值的引领。真正的顶级人才，并不完全靠工资待遇，而是要看公司的建设理念，有没有远大发展前景，有没有代表未来的意义。同时，要看到平台能不能实现自己的抱负，实现自己的价值，在获得物质利益的同时，需要价值层面的收益。再次是帮助提高生活质量。党的十九大明确提出，中国特色社会主义进入新时代，我国社会主要矛盾已经转化为人民日益增长的美好生活需要和不平衡不充分的发展之间的矛盾。对于企业来讲，应当主动担当，解决好"人民日益增长的美好生活需要和不平衡不充分的发展之间的矛盾"，在如何满足企业人员美好生活上多思考，不仅要在工资待遇上要提高，同时要在生活环境的改变、健康锻炼的保证，到精神生活的富有等多方面去提升，不断建设好企业这个"大家"，让"生活"在这里的人有无穷的自豪感、安全感和满足感。

（三）"领头羊"式企业不多

2019年，我国进入世界500强企业有129家，上榜企业首次超过美国（121家）。我国这129家企业中，属于制造业的只有三十几家。美国虽然只有121家企业进入500强，但大都是高科技公司和互联网公司。

1. 担当意识需要再度强化。国企央企，以及大中型民营企业，是国家的经济命脉，是国家的经济脊梁。改革开放以来，我国逐步建立和完善社会主义市场经济体制，众多国企央企民营企业，以振兴中华为己任，对国家建设发展作出了巨大贡献，特别是领跑的大中型企业，自强不息，为企业担当，为国家担当，为民族担当，需要更多的企业向它们学习。一是强烈的担当意识是企业发展的不竭动力。"打仗不怕死才能无往而不胜"，那么什么样的军队才能"打仗不怕死"？拥有为民族解放、人类和平担当的坚强信念，才会有不怕牺牲的精神，因为这是人类最伟大的信念，愿意为人类和平而愿意牺牲。企业人员和部队军人虽然不同，但是不同的岗位可以有同样的追求，推动企业建设发展，为国家民族作出贡献，具有同样的意义。二是需要加大企业担当意识教育向实质性推进。担当意识教育，应以爱国奉献教育为永恒主题，统一企业人员思想，为国家民族的发展、中国梦的实现而不懈努力。要力戒形式主义，在真讲真做上下功夫，把担当奉献意识充分融入实际工作中去，并要同抓产品质量一样长期坚持。要勇于破局，挑战传统的思维方式和工作方法。三是打造具有担当奉献意识的核心团队。取得最后胜利的关键是人，同样，具有担当奉献意识的核心团队也才是企业发展的根本。在人才招录上，在提升使用上，以德为先，让企业形成团结奋进的工作局面。

2. "弯道超越"需要紧盯不放。要优化体制根除弊政。打造指挥灵活、反应迅捷、战斗力强的企业团队，一方面是在组织调整上，突出灵便，坚决整组，以期达到快速适应市场、快速组织生产、快速协调合作目的。另一方面是在指挥程序上，强调扁平指挥，压缩中间指挥环节，减少指挥失误。再一方面是权力下放，让一线拥有临机决断权，以便快速应变，提高工作效率。还需要盯住目标跨越赶超。企业的发展、企业的意愿宏愿是什么？就是要助力中华民族伟大复兴。企业要做到世界一流，这个目标必然要确立，一定要确立，否则就是不够担当，否则就不叫弯道超越。确立好超越的目标，还需要确立时间节点，企业的每一个部门机构，在时间节点之内，都要有相应的超越计划，弘扬钉子精神，坚忍不拔，不超越不罢手，积小胜为大胜，实现企业整体跨越赶超。

3. 核心科技占有比例需要加大。中国是世界第二大经济体，但是中国的科技实力与发达国家相比还是存在差距的，还有不少的核心科技掌握在外国人手里。要打破这样的局面，需要在多方面进行努力：一方面需要加大企业间通力合作，组建成企业集团，发挥出集团的作用。再一方面就是要借助科技院校，主动联手对接。另外，也需要争取国家的支持，把自己主动融入国家，国家的力量是无穷的。

二、未来制造业发展趋势

（一）第四次工业革命是世界争夺战

第一次工业革命始于英国，蒸汽机的发明促进了机械逐步取代人，实现了机械化生产，让英国变成了"世界工厂"，成为当时最富强的国家，成就了长达一个世纪的"日不落帝国"。随着1913年美国创立全世界第一条汽车流水装配线和电力的广泛应用,标志着第二次工业革命开始,成就了欧美资本主义国家的强盛。20世纪70年代以后,随着电子工程、信息技术的运用和"可编程逻辑控制器"的使用,推动了机械替代人,使工业生产迈入"无人化时代",第三次工业革命自动化生产拉开了序幕,也再次推动了欧美等国家的强盛,包括日本经济的快速崛起。第四次工业革命,随着网络技术的成熟和发展,物联网、云计算、智能机器人、3D打印等领域的技术创新,智能化工厂的建立,IT企业在制造业中所发挥的作用和主导地位的确立,在世界各国展开了别开生面的争夺战,特别是德国、美国、日本和印度。

德国 2012年,德国产业界提出工业4.0计划,认为当今世界正处在"信息网络世界与物理世界的结合",即第四次工业革命开始,表示要积极参与到第四次工业革命之中,并把重点放在"智慧工厂"和"智能生产"两大方向,巩固提升其制造业领先地位。德国拥有强大的机械制造能力和自动化水平,在软件领域也有相当大的实力,为德国工业奠定了未来优势地位。

美国 1900年,美国实现工业化,20世纪80年代完成了现代化进程,但由此放松了对金融市场的管制,最终于2007年爆发了次贷危机。2009年初,美国开始调整经济战略,推行"再工业化"和"制造业回归",想要重新夺回制造业领导者地位。2014年3月,美国设立了具有代表性的企业联盟,创立成员包括GE、IBM、英特尔、思科系统、AT&T等100多家企业。该集团着眼于物联网在产业领域的应用,利用实际工厂与基础设施,认证推行美国版"工业4.0"标准,形成和德国版"工业4.0"标准抗衡态势。

日本 其历来十分重视高端制造业的发展，虽然没有直接提出"工业4.0"，但也在做积极努力的工作。首先是加大尖端技术的财政投入，实施名为"3D造型技术为核心的产品制造革命"的大规模研究开发项目，开发世界最高水平的金属粉末造型打印机。其次是快速更新制造技术，提高产品制造竞争力。再次是继续加强人工智能产业的发展，解决劳动力断层问题和深度实现工业智能化。

印度 属于制造业还没有成熟的国家，但是也凭借IT实力，一举跨越了先进国家所经历的发展阶段。印度聚集众多软件开发人才，并提出"印度制造"。印度拥有众多IT互联网技术企业，如ENTORIBU科技公司、Mahindra科技公司、CarIQ科技公司等，他们不针对某个工厂，而是通过自己的软件网络技术优势，将世界范围内的工厂连接起来，实现智能化生产对接，成为未来事实上的工厂主宰者。

（二）中国一定会在战略上进行把持

中国机械制造能力、自动化水平和互联网技术，在世界范围内并不算靠前，也就是说靠近制造业核心还是非常困难的，跻身"工业4.0"难度应该说比较大。当然，中国有中国的特点和优势。

1. "中国制造"战略不可动摇。首先是实现中国梦的需要。实现国富民强，提高中国产品在国际市场竞争力的需要。我们国家在上海、张家港等设立了保税区、试验区，我们的企业，我们的创业者，要勇于进入国际市场，了解国际、熟悉国际、打入国际，生产出有竞争力的产品。其次是策应"一带一路"的需要。"一带一路"是双赢之路，既要服务发展沿线国家，也要服务我国的发展。再次是服务人类社会的需要。构建人类命运共同体，体现出中国的大国担当。中国企业、中国企业家，应当有这种政治认识、政治高度、政治觉悟，生产出质量优、款式好、价格适中的更多好产品出来，服务人类、引领时代。

2. 中国的国企央企不可低估。一是综合实力强劲。在经济实力上，我国目前的经营性国有资产接近8万亿元，国有企业（包括国有控股企业）数量超过15万家，国有经济几乎存在于所有行业。在科技实力上，天空有"北斗"导航、量子卫星等，陆地上有中国高铁、港珠澳大桥等，海洋上有"蛟龙"号潜水、可燃冰试采等，另外还有体细胞克隆、5G技术等。在人才实力上，一方面各大企业储备有大量人才，另一方面国家每年有900多万高校毕业生作为后盾。二是拥有制度优势。坚持中国特色社会主义制度，坚持社会主义市场经济，坚持中国特色现代国有企业制度，这是外国企业不可拥有的制度优势。党的领导是国有企业的独特优势，可以弥补董事会运作的不足，能够强化对经理层的监督，有利于凝聚职工的力量。国家可有效协调处理好企业间矛盾，弘扬"两弹一星"精神，办大事，包括攻坚克难重大技术性突破。各级政府关注企业的建设发展，出台各类有利于企业发展的政策，特别是对小微企业、新型企业的呵护，不断打造适合企业建设发展的良好环境。三是文化力量巨大。我们要坚定中国特色社会主义道路自信、理论自信、制度自信，说到底是要坚定文化自信。文化自信是更基本、更深沉、更持久的力量。中国文化，在中国制造业发展的道路上，同样能发挥出非常大的能量，中国文化将再次团结人民、引领企业，围绕"中国梦"这个总目标，以巨大的力量推动"中国制造"向纵深发展，这就是中国人的自信，这就是中国企业的自信，这就是中国企业家的自信。

3. 中国的民营企业是生力军。改革开放40多年以来，中国成为世界第二大经济体，离不开众多民营企业所作出的巨大贡献。2019年世界500

强企业中，有129家来自中国，包括中国的22家民营企业，它们是第61名华为、第97名太平洋建设、第119名正威国际、第138名中国恒大、第139名京东集团、第177名碧桂园集团、第181名恒力集团、第182名阿里巴巴集团、第212名联想集团、第220名吉祥控股、第237名腾讯控股、第254名万科集团、第273名魏桥集团、第301名雪松控股集团、第312名美的集团、第333名苏宁易购集团、第340名沙钢集团、第361名青山控股集团、第368名阳光龙净集团、第439名广汇集团、第473名海亮集团、第498名泰康保险集团。这是"光荣榜"，这是中国民营企业强大之所在。截至2017年底，中国民营企业数量超过2700万家，个体工商户超过6500万户，注册资本超过165万亿元。（民营企业）贡献了50%以上的税收，60%以上的国内生产总值，70%以上的技术创新成果，80%以上的城镇劳动就业。短短的几十年，民营企业是何原因发展如此之快？一是后面有强大的祖国。为了推动民营企业建设发展，国家和地方政府出台若干扶持政策，包括从"减轻企业税费负担""解决民营企业融资难题""营造公平竞争环境""完善政策执行方式""构建新型政商关系"以及"保护企业家人身和财产安全"六个方面帮助民营企业解决实际困难，创造充足的市场空间。二是有14亿人民支持。中国14亿人口组成了庞大的市场，且有强大的购买力，同时又有强大的中国心。以手机购买使用为例，现在周围人更喜欢华为手机。这不仅仅是华为手机性能强大了，同时也反映出国人有支持国货的情怀。三是拥有中华文化力量。中华文化不仅推动着国企央企建设发展，同样也在推动着民营企业的建设发展。中华文化蕴含着"和顺""变通""奋进"等内涵力量，"和顺"让民营企业和其他企业友好相处，"变通"让民营企业在逆境时懂得变化，"奋进"让民营企业自强不息等。这些中华文化营养，一直滋养着中国民营企业的建设和发展，使中国民营企业一步步走向世界经济舞台。

（三）中国企业走联合之路是大趋势

未来的工业 4.0，将呈现三大特点：（1）单一产品批量生产将会消失，顺应消费者的个性化需求，智能化工厂大规模定制将会到来。（2）通过网络进行软件更新，给智能化生产设备和智能化产品升级，如同智能手机一样即时升级和添加新功能。（3）操作庞大数据的 IT 企业将成为生产主宰，协调制造企业之间生产关系，完成消费者定制产品的生产。由此，也将推动企业间关系发生变化。

1. 企业间将不构成直接竞争。首先，未来的生产不再是批量生产，不再是产品生产出来以后需要去做推销，不需要中间商和零售商做销售服务。其次，未来的制造业是按照订单式进行生产，提高智能化生产能力才是企业的生存根本，按照 IT 企业提出的生产要求，努力完成定制生产任务，以便 IT 企业组织完成最后的产品完付工作。再次，未来的竞争，应该是 IT 企业主导下的企业联盟之间的竞争（供应链与供应链之间的竞争），是区域之间的竞争，是国与国之间的竞争，是工业 4.0 标准之间的竞争。

2. 企业合作是未来生存之道。一是加强行业之间的合作，通过技术交流等相互学习，实现 1+1>2，是共同提高在网上"竞选"力的最好办法。二是加强领域之间的合作，对产品的生产，在技术处理上、信息交换上、物流对接上等方面，进行深度合作，实现无缝对接，保证产品的质量，缩短产品生产周期。三是加强跨领域之间的合作。以生产家电为例，需要和家电生产企业联盟合作，同时还需要和开发商、装修公司之间的合作，提前在产品设计上、功能设定上、技术要求上等，做相应的"先知先卜"，做到"聪明鸟也要先飞"，提早站稳市场、服务社会。

3.IT技术推动企业合作。IT企业，借助互联网，通过信息技术手段，围绕定制化生产等核心要义，推动行业间大联合。首先，把生产资料供应商和生产资料使用企业连接到一起，实现智能、合理、精准、快捷地分配资料资源，真正做到"人尽其才，物尽其用"，不浪费生产资料，不影响生产建设。其次，把参加生产的智能化工厂连接到一起，根据产品的研发设计，智能筛选出更适合的生产厂商，通过互联网实现智能衔接，借助智能化物流实现无缝对接，组织大规模复杂的定制式批量生产。再次，组织生产厂商开展售后服务，协调好客户和生产厂商之间的对接服务工作。

三、智能制造带来的机遇

工业4.0的到来，打破了传统的生产、销售和服务模式，形成了更加便捷、灵活、精准、全面的产供销体系和更多的合作服务模式，萎缩了传统制造业，推开了新的制造业局面。

（一）发展互联网产业

1.创建服务平台。工业4.0有一个显著特点，就是压缩了中间商，让客户实现定制订购。也就是运用互联网技术，在客户和智能化工厂之间搭建一个桥梁平台，就是搭建IT企业服务平台，让客户直接对接厂商定制订购。IT企业服务平台，可以单独创建，厂家自建，也可以联合厂家搭建。一是帮助客户选择定制订购厂家。IT企业服务平台，将可能成为制造业核心。未来IT企业将在服务平台上发布智能厂商信息，让客户了解相关厂家情况，并根据客户需求商讨确定生产厂家。二是帮助客户完善产品需求构想。IT企业服务平台服务人员，根据客户提出的需求意图，在企业数据库中或生产厂家数据库中调取满足客户的多个方案，让客户提出修改意见并进行完善，最终确定产品设计方案。三是迅速调配重要部件到生产线。依据产品设计方案要求，调运客户指定厂家生产的零部件，或调运接单生产厂家生产的零部件，生产线上的机器人迅速组织生产装配，直到产品完成包装送至物流公司。四是帮助客户完成产品安装调配。通过智能物流，在较短的时间内，把产品送到客户手中，根据需要派出专业人士上门服务安装调试，并根据产品设定功能或客户的要求，及时对产品进行升级、增加功能和后续售后等其他工作。

2. 研发相应硬件。工业4.0是建立在物联网基础之上的，实现工业物联网是关键。工业物联网所需的"物"将是空前的，需要借助传感技术、射频识别技术、云计算技术、无线通信技术等将物体和网络进行连接，从而对物进行实时跟踪，保证智能化生产、智能化物流等，保障工业4.0的实现。未来的世界，不仅仅工业4.0需要物联网支撑，智慧城市、智能交通、智能家居等一切智能化推进，都需要依托物联网。物联网的"物"是现实世界和虚拟世界的桥梁，未来的现实世界将会被虚拟化，也就是说存在两个世界，一个是现实世界，一个是虚拟世界。这个虚拟世界的建设，必须要依靠"物"来实现，让虚拟世界看到客观世界的一切，同时也让客观世界受益于虚拟世界，帮助人类解决复杂困难的问题。

3. 开发相应软件。作为IT企业，靠的是互联网技术，软件是其生命所在，需要通过软件开发，实现自我完善、添加新功能、增强安全防护等。一是稳定IT企业服务平台。通过完善和升级服务平台相应软件，保证平台在安全稳定、数据采集、方案完善、互联互通等方面更加可靠。二是和智能化工厂对接。包括面上对接和深度对接，一方面和更多的智能化工厂确立互联关系，方便业务的拓展。另一方面就是产品信息直接传输到智能化生产线，便于直接组织完成生产。三是和智能物流公司对接。在信息识别上、信息传输上等，实现零距离，减少信息判读、分装识别等方面的误差和时间上的耽搁，造成时间、空间、资源上的浪费，提高物流效益。四是不断升级客户服务终端。在方便客户订购定制、交流互动、信息反馈、售后服务等方面，包括产品的功能升级，最大限度满足客户需求，便于客户操作使用等。

（二）跻身智能化生产领域

1.兴建智能化工厂。一是转型升级或新建。智能工厂、智能生产和智能物流，并称"工业4.0"三大主题性建设，也可以说是三大支柱。为紧跟工业4.0步伐，老的企业需要购置智能生产线、智能生产设备和信息处理平台等，完成智能化转型升级。新创办企业，属于创业初期，需投产小型生产线、购置3D打印设备等，初步完善智能化生产能力。二是组织定制生产。和IT企业主动对接，融入产品供应链，按照IT企业信息指令，组织产品或零部件的加工。三是完成装配调试。为满足个性化需求，最后的装配调试，可以在智能化工厂完成，也可以到客户所在地进行装配。为节约成本，也可通过网络给智能机器人传输装配信息，委托第三方完成装配工作。

2.挺进高端设备技术。高端技术和先进生产设备，是振兴中国制造业的关键之所在，其需要科技实力来支撑，也需要科研经费来保障，然而也是必须要去做的事情。研发方向，应当围绕落后于世界和引领世界两处着手。在落后于世界方面的，包括工业机器人、工程机械制造、轴承制造、炭纤维技术等相关领域设备和技术的研发，需要紧跟紧追。在引领世界方面的，包括互联网、智能手机、通信设备产业、航空与航天产业、特高压输电技术、高铁轨道交通、核电、造船等，相应的生产设备和技术需要不断强化并保持领先。

3.角逐产品设计领域。定制化生产服务，是依据客户的要求进行生产的，但是客户的原始想法是不完善的，直接地说客户的最初想法是非常简单的，真正的完善定型是需要专业服务的，IT企业服务平台的生命力就在于此。首先，加强新型产品研发引领消费。以自备交通工具为例，人们所熟知选购的主要就是汽车（电动汽车）、摩托车、电瓶车，高档的是私人直升机等，但是对未来的平衡车、智能车、电动滑板、水上摩托车，以及会飞的车、飞行背包、飞行踏板等就无从知晓了。这些更为先进的产品，消费者（客户）是无法先知的，当然也就不可能出现在定制生产行列，需要向消费者介绍推荐才行。其次，调查分析客户潜在的个性需求。市场调查包括的内容很多，方法要求也各不相同。对于制造业讲，主要是了解市场对产品的需求量、产品功能质量反馈、价格定位促销等，以便改进后续生产经营。调查客户潜在个性需求，是要了解包括产品的款式、功能、质效等，甚至把产品的设计、模型抛向社会，接受消费者点评，以图先知。再次，储备多个产品设计预案。这是未雨绸缪，根据消费者客户可能的需求，设计出更多的产品构想，包括已经生产的产品，供消费者客户选择和修改完善，缩短产品定制时间。

（三）做好工业4.0配套服务

配套服务，是在做好物流保障的基础上，重点是做好智能化售后服务，打破传统的接打电话、上门服务的单一服务模式，增加产品的组装安装、升级维护、信息反馈、故障排除等。服务项目增多了，工作量增加了，技术难度加大了，因此，需要有专门的服务机构。

1. 建立独立的服务中心。鉴于售后服务任务加大，工厂可单独组建售后服务中心，也可委托第三方完成售后服务。工厂借助网络通信，把产品相应维护数据传输给第三方智能机器人，让第三方服务中心具备对产品的安装调试、技术维护等方面的能力，完成好售后服务。第三方服务中心，可以和多家智能化工厂合作，承担本地区更多的智能化产品售后服务工作。

2. 服务中心需要提高智能化服务能力。服务中心处理的主要是大量的数据信息、产品的维护升级和维修服务工作，需要借助智能化服务平台、3D 打印等智能设备、智能化技术维护机器人，完成对产品的安装调试、技术维护、修理保养等工作，这就对服务中心的建设提出了更高的要求，服务中心要在服务智能能力上进行强化建设。

3. 努力做好产品升级服务。智能产品，除了通过传感器等实时反馈产品运行信息，还具备人机互动功能，以及和其他服务机构对接增加更多新功能。以智能冰箱为例，智能冰箱具备功能：（1）温度湿度自动调节，实现保鲜保温功能。（2）可以和冰箱互动，让冰箱生成营养食谱，并提供烹饪制作方法，还可能会播放音乐和简要的营养保健介绍等。（3）通过网络和远程蔬菜供应、食品加工等服务机构联通，增加更多的服务性功能。对于第（2）（3）项，产品出厂初期，多数功能厂家不能直接提供，特别是第（3）项，需要后续安装升级完成。这些后续功能的升级，可以由用户在网上下载厂家提供的软件自行升级，也可以由售后服务中心负责协助完成。

第四章

智慧城市建设中的商机

一、智慧城市相关概念

(一)智慧城市提出的背景

1. 建设智慧城市是治疗"城市病"的选择。第二次世界大战结束后,随着和平的步伐,全球城市建设进入了快车道。据联合国统计,1970年世界城市化水平只有37%,而到了2000年的时候已经是47%。我国城市化速度则更快,20世纪70年代末,城市化水平只有14%,到了2010年就迅速增加到49.68%,到了2014年我国城市化率已经达到54.77%。然而,随着人口的快速涌入积聚,给城市的承载也带来了很多困难,例如资源不能满足,住房不能满足,就业不能满足等。同时,也增加了城市管理难度,包括交通拥堵、环境保护、垃圾处理等问题。这些问题的存在,给市政管理提出了更高的要求,需要借助信息科技,实现对城市智能化管理,才能有效解决这些问题。

2. 建设智慧城市是城市信息化建设的方向。随着互联网、物联网、大数据等深入发展，电子商务、智慧物流、网络教学、网上医疗、微信微博等信息技术的广泛应用，信息化建设也正在潜移默化地影响着人们的生活方式，不断地改变着社会服务模式，推动媒体向多元化、多途径、多形式发展。这些深刻的变化，方便了人民群众，同时也推动着政府服务向更高层次发展。政府为提高服务质量，也提出了人和物融合的发展理念，强调以城市整体效益提升为导向，通过物联网、云计算、移动通信等信息技术的应用，整合城市资源，为公众提供智慧化的服务和管理，努力构建节约、低碳、环保、可持续发展的智慧化城市。

3. 建设智慧城市是提高社会服务的新途径。智慧城市是数字城市的延续和发展，是城市信息化发展的高级阶段。数字城市是指充分利用遥感技术、地理信息系统、全球定位系统、计算机技术和多媒体以及虚拟仿真等技术，对城市基础设施和生产生活相关的各方面进行多主体、多层面、全方位的信息化处理和运用，具有对城市地理、资源、生态、环境、人口、经济、社会等诸多方面进行数字化、网络化管理、服务和决策功能的信息体系。数字城市是实体物理城市在数字空间的映射，它与现实城市"物理空间"是分离的。智慧城市相当于通过物联网把虚拟城市的"数字空间"与现实城市的"物理空间"联结在一体，实现对未来城市更精准的管理。

（二）智慧城市的概念和定义

智慧城市涉及的范围广，包括应用层、平台层、网络层和感知层。应用层包括智慧政务、智慧公安、智慧城管、智慧交通、智慧教育、智慧医疗、智慧社区、智慧企业、智慧商务、智慧物流、智慧金融、智慧农业等，平台层包括IT信息技术、CT网络技术、城市数据中心等，网络层包括通信网、互联网、物联网等，感知层包括传感器、遥感技术（RS）、RFID（射频识别技术）、摄像头、地理信息系统(GIS)、全球定位系统（GPS）等。

智慧城市的定义，根据各自视角的不同，给出了各种不同的结论，但其核心都是充分利用现代科学技术，主要是信息技术的发展，利用无所不在的数据资源，使得城市的发展可持续，并释放出更大活力。

2012年，中国通信学会在智慧城市论坛发布的《智慧城市技术白皮书》中描述：智慧城市是以发展更科学、管理更高效、生活更美好为目标，以信息技术和通信技术为支撑，通过透明、充分的信息获取，广泛、安全的信息传递，有效、科学的信息处理，提高城市运行和管理效率，改善城市公共服务水平，形成低碳城市生态圈，而构建的新型城市。

2012年，美国白宫发布的《2012网络和信息技术研究和发展纲要》中，对智慧地球定义为"在智慧世界中，所有类型的物体、设备和大规模物理系统都是互联的、有计算能力的，并且以人的利益最大化在运行"。

2012年，我国住房和城乡建设部在其发布的《国家智慧城市试点暂行管理办法》中指出：智慧城市是通过综合运用现代科学技术、整合信息资源、统筹业务应用系统，优化城市规划、建设和管理的新模式，是一种新的城市管理生态系统。

2014年8月，由国家发展改革委、工业和信息化部、科学技术部、公安部、财政部、国土资源部、住房和城乡建设部等部委联合发布的《关于印发促进智慧城市健康发展的指导意见的通知》中，对智慧城市定义为"智慧城市是运用物联网、云计算、大数据、空间地理信息集成等新一代信息技术，促进城市规划、建设、管理和服务智慧化的新理念和新模式。建设智慧城市，对加快工业化、信息化、城市化、农业现代化融合，提升城市可持续发展能力具有重要意义。"

（三）智慧城市的基本特征

《创新 2.0 视野下的智慧城市》一文提出"智慧城市"有四大基本特征：全面透彻的感知、宽带泛在的互联、智能融合的应用以及以人为本的可持续创新。

第一，全面透彻的感知。通过传感技术，实现对城市管理各方面监测和全面感知。智慧城市利用各类随时随地的感知设备和智能化系统，智能识别、立体感知城市环境、状态、位置等信息的全方位变化，对感知数据进行融合、分析和处理，并能与业务流程智能化集成，继而主动做出响应，促进城市各个关键系统和谐高效地运行。

第二，宽带泛在的互联。各类宽带有线、无线网络技术的发展为城市中物与物、人与物、人与人的全面互联、互通、互动，为城市各类随时、随地、随需、随意应用提供了基础条件。宽带泛在网络作为智慧城市的"神经网络"，极大地增强了智慧城市作为自适应系统的信息获取、实时反馈、随时随地智能服务的能力。

第三，智能融合的应用。现代城市及其管理是一类开放的复杂巨系统，新一代全面感知技术的应用更增加了城市的海量数据。集大成，成智慧。基于云计算，通过智能融合技术的应用，实现对海量数据的存储、计算和分析，并引入综合集成法，通过人的"智慧"参与，提升决策支持和应急指挥的能力。基于云计算平台的大智慧工程将构成智慧城市的"大脑"。技术的融合与发展还将进一步推动"云"与"端"的结合，推动从个人通信、个人计算到个人制造的发展，推动实现智能融合，随时、随地、随需、随意的应用，进一步彰显个人的参与和用户的力量。

第四，以人为本的可持续创新。面向知识社会的下一代创新重塑了现代科技以人为本的内涵，也重新定义了创新中用户的角色、应用的价值、协同的内涵和大众的力量。智慧城市的建设尤其注重以人为本、市民参与、社会协同的开放、创新空间的塑造以及公共价值与独特价值的创造。注重从市民需求出发，并通过维基、微博、微观装置实验室、智能家居等工具，强化用户的参与，汇聚公众智慧，不断推动用户创新、开放创新、大众创新、协同创新，以人为本，实现经济、社会、环境的可持续发展。

二、未来看得见的智慧城市

2014年8月，国家发展改革委等部委联合下发《关于印发促进智慧城市健康发展的指导意见的通知》，全国各地迅速掀起了智慧城市建设热潮。随着建设步伐和时间的推移，全新的、新型的、智慧的城市必将展现在人们面前。

（一）城市面貌焕然一新

1. 城市布局宜居。城市功能区域划分合理，工业区、商业区、娱乐区、生活区、校园区、医疗区等，相互协调，远近适中，便于生活、便于工作。街道备有智能清洁系统，每天及时冲洗路面，街道整洁，路面无尘。街道安装有智能排水管网，及时吸收和排出雨天积水，智能控制防止城市水灾。

2. 环境优美宜人。人在城中走，心似田园游。河边杨柳倒垂，河水碧波荡漾，鱼儿争相欢跃，路人驻足观赏。路边绿树成荫，绿化与路同行。夏季蝉鸣不绝，冬季绿草如茵。住宅小区如同公园，长年绿树成荫，四季有花有果，道路曲径通幽。

3. 建筑风貌各异。不同城市因所处地理位置、历史文化渊源等不同，所彰显的特色也各不相同,诸如南方风韵、西北风情、现代都市、古色古香、湖海风光、山城俊秀等。建筑风格也相得益彰,风韵独特优美,宛如城市名片,宝石般镶嵌于城市之中,反映城市主题,反映历史文化、人文风貌。

（二）个人出行安全顺利

1. 道路四通八达。地下轨道交通,地上快速通道,道路纵横交错。无断头路,无狭窄路,无障碍路。同时,每个城市都有通向远方的动车、高铁、机场,高速公路通到乡镇一级。

2. 出行方式多样。地铁、公交、出租车、顺风车、租赁汽车,还有保障"最后一公里"的共享单车。出行可通过手机服务平台智能查寻所推荐的出行方式和交通工具,并可向所选定的出租车或顺风车或租赁汽车智能发送用车信息,包括智能购买机票或火车汽车票等。

3. 交通安全可靠。物联网、车联网、路联网的完善,保障了智慧交通平台的正常运行,交通状况在交通平台上同步显示,有力地保障了出行的每一个人、每一台车和每一条线路的安全。在未来的无人驾驶中,和公安相关系统对接,智慧交通平台甚至可以直接控制道路上行驶的每一台车。

（三）社会文明规范有序

1. 智能化管理是促进社会文明的重要推手。通过智慧公安、智慧城管、智慧交通等相互配合协作,借助先进的探测监控设备进行分析比对,让不法分子无处藏身,让不讲规矩、不守公德的人无处遁形。

2. 智能化宣传促进了社会精神文明建设。公开网站等公共媒体,智能化发布社会文明规范、社会公德要求、法治建设进程等方面宣传标语、口号、画面视频等,提高对社会宣传覆盖率,增强社会宣传效果,提高整个社会精神文明,为社会文明奠定基础。

3.智能化社区助力构建和谐邻里幸福家庭。智能化网络服务将促进未来的社区有更多的不同,无论是物质保障还是社会服务能力,都将有根本的变化。能够精准解决困难家庭生活问题,保证每个家庭生活无忧。能够及时跟进医疗服务,对有病人的家庭安装有相应救护系统。社区还能够组织健康锻炼、游艺活动等,丰富人们精神生活,同时对发生的矛盾还能够积极排解,从各个方面保持社区祥和的氛围。

(四)生活住宅健康舒适

1.环境绿化好。住宅小区花园式,绿化卫生等实现智能化管理,定时自动浇灌,定期修剪维护,四季如春,绿树成荫,卫生整洁,人车分流,秩序井然。小区内建设有健康保健场所,除传统的健身设备器材外,还安装有部分智能保健设备,和人体穿戴式健康反馈系统,将人体健康状况及时反馈到定点医院,保证人体健康始终在医护人员的监护之下。

2.安保消防好。小区配备智能化安保系统。一方面是防盗防暴,和公安110报警台联网协作,能够第一时间将信息传输发送到公安,保证小区内部安全。再一方面是防水、防电、防气、防火和供水、供电、供气以及消防联网,能够提前预警处置,保证水、电、气、火安全。

3.采光通风好。随着住房条件的改善,从第一代茅草房、第二代砖瓦房、第三代电梯房,到第四代庭院房,每层有公共院落,每户有私家庭院,可种花种草遛狗养鸟,可将车开到空中家门口,建筑外墙长满植物。未来还可能向第五代活动住宅发展,除具备第四代住房特征条件外,每一套住宅可以旋转、平移,接受不同角度的采光,饱览不同角度的美景。

4.小区物业好。未来的小区物业,不再是单纯的收缴物业费、打扫卫生、整理花草、车辆进出管理等,服务的范围将会更广,借助智能化服务建设水平,还可能包括急救护理、家政服务、代购代送等一切可以服务的项目。在物业费的缴纳上,还可能出现部分物业费将由相关服务商贴补的情况。

(五)社会服务周到便捷

1.政府服务更加便民。一是服务网络化。政府提出"让群众少跑路,让数据多跑腿",目的就是为方便群众,能够在网上办理的事情就在网上处理,不需要再到政务服务中心现场办理。二是服务精简化。精减不必要的流程,减除反复提供证明证件,推动部门之间数据资源共享。三是推行"一站式"服务。在原有"一站式"服务基础上进一步优化,处理结果可以直接发送到网端,被服务对象可以异地领取。

2.生活服务变化更大。住房方面,各级地方政府出台相应政策,大致分成商品房和平价房两类,有力保障了中等以下收入人员的住房问题,让"住有所居"变成现实,把沉重的房价从人们的心理上卸下来。智能商务、智能物流,也有力地保证了人们的衣食日用,只需在手机服务平台上动动手指,就会有人上门送货或取件,包括家政服务也能够在手机终端完成对接。

3.生产服务得到提高。随着工业 4.0 的推进,智能化生产服务平台将通过网络传输能源需求、材料需求等,供应商也将通过网络完成接单、配送等工作,保证第一时间完成材料运输、能源供给等,确保生产制造。各级政府为了推动经济建设发展,始终把服务企业作为重要工作来抓,包括免费培训、科技咨询、援企稳岗等,更加有力地加大服务企业力度。

4.社会服务跨越发展。自来水、电力、煤气、供热、公共交通等公用事业,智能化程度更高,更能满足社会之需。智慧教育将推动教育事业新的变革，应试教育问题将得到根本解决，素质教育定会回归教育本位。医疗保障也将有根本性的变化，看病贵看病难的问题得到解决，网上远程就诊、远程手术、远程康复也会成为现实。

三、智慧城市建设蕴含许多未知

"发展就是商机"。智慧城市建设包括基础设施、智慧治理、智慧民生、智慧环境等内容，覆盖城市各个领域，推动智慧产业大发展。我国在智慧城市建设投入方面，网上可查到中国智慧城市工作委员会、前瞻产业研究院整理的相关数据，显示我国智慧城市市场规模2019年是10.5万亿、2020年是14.9万亿，并预测到2022年市场规模将达到25万亿元。如此大的市场规模，参与到智慧城市建设，一方面可实现社会价值，另一方面将得到丰厚回报。

（一）推动城市智能化建设

1. 推动城市基础设施建设。智慧城市建设，基础设施投入量会非常大，比如和信息化建设息息相关的有信息网络设施、服务平台设施以及城市转型基础设施等建设。信息网络设施建设，包括基础工程、网络布线、网络测试等。服务平台设施建设，包括机房选择装修、设备安装调试和平台运行维护等。城市智能化转型，包括必要的城市改造、数据中心建设等方面。

2. 推动物联网"物"的研发。智慧城市建设需要的硬件设施"物"，其研发、生产和营销，在国内外已经形成相应的产业高地。但是，随着智慧城市建设的深入发展，一方面目前市场所拥有的"物"，还远远不能满足智慧城市建设的需要，对"物"的需求量还非常大；再一方面智慧城市在不断向前发展，技术层面会提出更多要求，目前市场所提供的"物"将不能满足未来发展的要求，需要研发更新，在及时性、可靠性、精确性、广泛性等方面保障智慧城市建设的需要。

3. 推动科技进步发展。智慧城市硬件和软件的研发，会形成更多研发成果，势必也会被运用在其他领域，带动更多科技发展。不管是企业决策者，还是政府主管部门，都应当主动抓住这个机遇，组织技术人员攻关，并转化技术运用到其他领域，促进更多更大的发展，比如传感器产业、仪器仪表与测量控制产业、物联网基础支撑产业、高性能计算机制造业、物联网相关通信终端、嵌入式系统与设备制造业等。

（二）带动更多领域发展

智慧城市的运行，产生的数据是海量的，离不开网络传输，离不开云平台计算，离不开相应的系统，这就给包括与云计算应用关联紧密的电子信息设备、产品与软件的研发、销售和租赁业务、云计算数据中心集成与运维、云计算数据中心带宽服务，以及全球定位系统、平台即服务、软件即服务等云计算服务在内的诸多产业带来较大的发展机遇。这些项目中，无论是哪一个领域，都有巨大的发展潜力和发展空间。

智慧城市的应用，目前主要在智慧政务、智慧公安、智慧城管、智慧交通、智慧教育、智慧医疗、智慧社区、智慧企业、智慧商务、智慧物流、智慧金融、智慧农业等层面，并不代表覆盖了所有领域，未来未知的可能还有。同时，现有的应用层面，也不能完全做到精细、精准和全面，无论是信息采集还是具体应用，都还存在相当大的差距，包括需要在硬件、软件两个方面加强研发力度。

智慧城市的建设和运行，人才是首位，人才的培养有大市场。一方面，为智慧城市建设培养专业人才；另一方面，也是为其他相关领域输送人才；再一方面，建立相应人才培养的学校，更能带动学校周边甚至一个城市的整体建设发展，提升城市人才的文化品位。这些建设性的决策问题，教育主管部门应当努力，政府应当全力支持。一些私立学校、素质培训机构，也应向这个方向努力，实现更大价值，为城市建设作出贡献。

（三）促进传统产业升级

我国2017年颁布的国家标准《国民经济行业分类》，将行业分成了二十大类。如果对其中的任何一个大类，进行智慧化改造升级，所涉及的智能化硬件设备和相关的系统应用性软件，数量都是非常大的，带来的潜在商机也是无限的。同时，传统行业的智慧化升级还将影响相邻行业发生变化，并带来更多商机。

1. 促进第一产业升级。第一产业包括农业、林业、牧业和渔业。以农业种植业为例，种植业升级为智慧农业，需要利用信息网络技术、智能生产技术，改造生产、加工、储藏、运输和营销，推广农业生产信息化管理系统，科学检测土壤配方施肥，精确预测防治病虫害，实时监测温度、湿度和光照等，实现农业生产更加智能、生长环境更加生态、产品销售更加便捷、生产收益更加丰厚的目的，不断提高实现农业生产精准化和智能化水平。智慧农业将推动农民经济合作社、涉农企业的发展，通过流转整合土地，满足大规模智能化种植的需要，从而降低生产成本，增强市场竞争力。同时，也将培养出大批农业企业家、智慧种植农业技术人才。智慧农业还将带动农业生产及其关联的设施设备的研发，包括生产种植和管理智能化设施设备、农产品深加工和食品制作等智能化设施设备等，也必将培育出一批智慧农业设施设备制造企业，以及农产品智能储藏、运输和营销的新型企业。

2. 促进第二产业升级。第二产业包括制造业、采矿业，以及电力、热力、燃气及水生产和供应业等。以传统制造业升级改造为智能化工厂为例，传统制造业转型目标是实现工业4.0，升级成智能化工厂，实现智能生产。其建设主要包括智能化生产设备的建造，实现工厂内部的人、机器和资源的沟通协作，以及智能工厂和生产资料供给、消费者之间的互联互通。在智能生产设备研发生产上，一些发达国家相对先进，但也只是起步阶段，未来存有更大的研发生产空间。一方面，引进借鉴国外现有的新技术；另一方面，着力自主研发，满足国内市场需要，同时服务国外，如同中国的高铁技术走向世界一样。在生产制造内部互通环节上，智能制造系统、智能制造技术、物联网技术等融合应用与发展，实现感知、决策、执行的目的，需要通过创新研发、流程改造等，提高劳动生产率和产品附加值，实现生产制造环节的自动化、智能化和绿色环保。在个性化生产销售服务环节上，需要和客户快速对接形成定制方案，需要和材料供应商对接购买相应配件原材料等，需要和末端装备安装的技术机构人员对接完成最后的组装安装任务，需要和技术服务中间机构对接保证售后服务的衔接。在这些环节当中，需要配套的软件系统、硬件设备，其研发生产能形成多种产业，包括末端安装和技术售后可建立智能化安装技术售后中心。

3. 促进第三产业升级。第三产业是指第一、第二产业以外的其他行业，范围比较广泛，主要包括交通运输业、住宿餐饮业、信息服务业、金融业、房地产业、商务服务业、教育卫生业等15大类。从运输业来讲，通过互联网、物联网、大数据在物流业发展中的应用，正在向智慧物流方向升级转型，智能分类配载手段多元化、末端分送快捷化、临时存放便民化等，还在探索完善之中。从住宿餐饮业来讲，外卖成了一种流行，但配送时间比较"漫长"、可送菜肴比较"有限",和消费者的要求有很大差距。从金融行业来讲,支付宝、微信支付在角逐,还有花呗等微贷也向传统的贷款提出了挑战,未来的金融会有新发展。从医疗行业来讲,随着信息技术的发展,将实现远程就诊、远程会诊、远程手术一体化。医疗设施跟上去了,乡村医院有可能和北京、上海大医院一样,"看病不要去远方"。那么就近医院如何升级改造?需要人们做什么?这个需求就是商机了。

(四)智慧城市存在太多未知可以把握

世界各国启动智慧城市建设的时间不长。韩国2004年3月推出U—Korea发展战略,欧盟2005年7月开始实施"2010战略",美国迪比克市和IBM于2009年9月共同宣布启动美国第一个智慧城市建设。智慧城市建设还处在探索阶段,虽然相关论述论著和建设方案比较多,而且很多城市已经投入建设之中,但仍然属于探索阶段,其建设目标和具体项目需要完善,关联的工程建设、相关产业在陆续形成,延伸的新需求还没有完全触碰到,在今后的建设实践中会逐步浮现出来。

1. 要了解智慧城市相关知识。要了解智慧城市基本概念,学习其相关知识,知道智慧城市建设是怎么一回事,把自己先"理论武装"起来。要了解智慧城市建设要素,知道智慧城市建设项目内容,把自己变成智慧城市建设内行人。要了解智慧建设节奏,全国乃至世界各大城市智慧建设规划是不同的,各有其特点规律,学习了解有助于参加智慧城市建设的思考,把自己培养成精英人才。

2. 要投身智慧城市建设之中。智慧城市建设是一个伟大的工程,要把个人事业追求与其一致起来,培养自己强烈的智慧城市建设兴趣,主动把智慧城市建设当成自己的使命。要立即行动起来,不要等到想好了再去做,不要等到准备好了再去做，如果那样就是遥遥无期的事情。年轻的大学生，有志气的年轻人，要立志"不求成为亿万富翁，而要做成宏伟事业"，有此宏愿即使失败也是伟大的，"革命自有后来人"。要在建设实践中思考问题，把自己的实践上升到理论，并在此基础上形成更高层次的想法，拿出更好的建设性意见建议，用以指导实践，把中国智慧城市建设得更好。

3. 要时刻关注延伸关联产业。关注智慧城市关联产业的发展，一方面是为了更好地抓住相应商机，另一方面也是为了补智慧城市建设弱项，更好地保障智慧城市建设。这就需要在建设实践过程中，认真收集相关资料，系统分析，及时抓住有利商机。智慧城市建设，是在前期探索摸索阶段，出现建设弯路是很正常的事情，但需要认真思考研究。同样的建设项目，规范其建设内容、建设标准等，更能提高建设效率和提高建设质量。

第五章

智能交通中的商机

一、交通建设发展现况

对于目前的交通状况，社会反响比较强烈的，是节假日特别是长假期间高速公路的拥堵问题；平时上下班，城市交通拥堵问题，也一直困扰着人们。分析交通拥堵的直接原因主要有两方面：一个是出现车辆多，车辆密度大，车流速度低于道路设置速度。再一个就是雨雾冰雪等不良天候的影响，路滑、能见度低。

改革开放40多年，我国交通建设发展非常快。2018年11月，上海浦东陆家嘴举办"伟大的变革——庆祝改革开放40周年大型展览"。展览揭示，我国交通业从1978年到2017年取得的巨大成就。公路建设，从87万公里发展到477万公里。高速公路建设，从无到有建成13.1万公里。高铁建设，也是从无到有建成约2.5万公里。航空方面，中国航空旅客运输量由230.9万人次增长到5.52亿人次，货物运输量由6.4万吨增长到1617.7万吨。截至2017年，中国共有定期航线4418条，其中国内航线3615条、国际航线803条，通航60个国家158个城市。2005年开始，空中运输量排名世界第2位。民用机场从78个增加到220个。到2020年，全国交通又有了更大突破。查看交通运输部网站，"十三五"时期我国交通运输迈了三大步：在大的基础上向强迈进了一大步、在有的基础上向好迈进了一大步、在"基本适应"的基础上向"适度超前"迈进了一大步。实现高速铁路、城市轨道交通里程翻了一番，高速公路里程、万吨级码头泊位数量等保持世界第一。高速铁路覆盖近95%的百万以上人口城市，高速公路覆盖近100%的20万以上人口城市，民航机场覆盖92%的地级行政区等。

我国的交通条件得到了改善，发展速度是非常快的，但由于我国的经济建设快速增长，客运量、货运量在逐年加大，私家车更是"井喷式"增长，导致交通压力矛盾日益突显。表现出来的是交通拥堵、事故率高，特别是上下班、放长假、不良天候等，交通情况更为复杂。分析其深层次原因，主要应该还是车辆猛增、公共交通作用发挥不好、交通管理存在差距、交通建设有待加强等。

1.私家车在逐年增多。现在的私家车成了家庭必备工具，随着经济条件改变，许多家庭还购买了多辆车。公安部发布的数据显示，截至2017年底，全国汽车保有量是2.17亿辆，同比上年增加了2304万辆，增长率是11.85%。如果按照这个增长率推算，用不了10年时间，汽车保有量将翻一倍，也就是4.3亿辆。按照现在的交通条件，路面上行走的车辆也将翻一倍，那么到那个时候的交通会是什么状况？再过20年又会是什么状况？私家车是家庭标配，如同20世纪六七十年代自行车一样，家家争相购买，作为代步工具。但是，无止境地增加，会是什么状况？道路建造再发达，可能也很难满足私家车无止境的增长，未来甚至连停车的地方都没有，道路拥堵都算不上问题了。另外，随着网络销售、智能化生产和发展，物流运输也在空前发展，物流用车也在逐年增加，这也给交通不断增加压力。

2. 公交系统作用发挥不充分。以前出行，主要靠公共汽车，还有自行车，当然也有步行。而现在的城市交通非常发达，有公共汽车、地铁、出租车等，但是从交通乘坐选择情况来看，选择乘坐地铁的人员比较多，选择乘坐公共汽车的不太多。对于没有地铁的城市，选择乘坐公共汽车的同样也不太多，开私家车、拼车、用电瓶车上下班的具有普遍性。分析部分城市的公交车受冷落的原因，首先是公交车按时正点难保证，和其他车辆一样会堵在上下班路上，有些城市开设公交车专用通道要好一些。其次是公交车内部条件虽然比以前没有空调的公交车好得多，但是总体条件还是不算好，包括卫生状况在内。再一个就是公交车不可能有私家车方便，虽然私家车费用要高一些，但人好面子是存在的，影响了公交车乘车率。

3. 交通受不良天候影响。车辆拥堵时节，通常在上下班时间、出现交通事故时和雨雪雾天。上下班时，车辆成流，通过一个路口往往需要红绿灯亮两到三次，交通条件差一些的地方在正常道路只能以每小时5到10公里的速度前进。这样的交通状况，也极易出现交通事故。出现交通事故，通行受阻问题是严重的，耽搁时间也是一定的。在遇到冰雪雨雾天时，车辆通行速度变慢，道路滑，道路积水也是严重的问题，甚至由于积水过多无法通过涵洞，致使道路丧失了应有的通行保障能力。

4. 对运营车辆管理不到位。目前，市面上运营车辆有出租车、网约车、私车偷营等。出租车承担所属公司管理费用高，也就是"份子钱"比较多。出租车在没有网约车之前，收入还比较可观，但现在乘坐出租车人少了，一方面相对浪费了出租车资源，再一方面出租车收入也在大幅降低。网约车通过网络平台面市，可随时随地预约，费用也比较优惠，抢走了出租车部分生意，网约车还在不断增加。私家车也在利用碎片化时间，加入了营运行列，"触碰"出租车"奶酪"。针对这些问题，相关主管部门在加大管理力度，然而应该怎么管可能是个困惑。

5. 交通管理信息化程度不高。在交通信息化管理方面，对道路桥梁的信息采集、检测维护等，还停留在视频监控、人工排查的传统方法上，通过传感等信息化手段预测分析还需要加强，包括智能控制自动融化冰雪等。在智能化互联互通方面，车联网、车车互通、车路交互等，为交通控制系统提供信息还远远不够，没有形成智能化管控体系。未来将以绿色环保、无人驾驶为主导，新型交通工具将不断走向市场，包括无人驾驶载人飞行器，需要相应的配套设施来跟上，如同济南建设的光伏充电高速公路，电动汽车行驶在路上就能充电，下雪天能够自行融化冰雪，同时还能为沿线城市和居民提供优质的清洁能源。

6. 交通建设存在差距。按照现在的工作节奏、生活节奏，包括公务活动、旅游出行、参加聚会等，人们出行率越来越高。选择公路出行，会受到雨雪冰雾影响，道路不一定能畅通。随着机场、高铁的建设发展，人们也开始选择乘坐高铁、飞机，可是目前的机场、高铁建设和人们出行的需求差距也较大。全国不少城市没有高铁，更没有机场。到2020年全国高铁也只是覆盖80%以上的大城市。全国民用航空机场建设，2017年只有220个，到2020年也才再增加50个左右。

二、未来交通发展趋势

未来的交通,充满很多变数,但总体上应当是向智能化方向发展,使人们出行更加快捷、安全、方便、可靠。目前,国家提出新基础设施建设,其中包括智慧交通建设。

(一)交通将进入智能化时代

1. 拥有系统的智能化交通网。一是交通建设空前发达。村村通公路,乡镇有高速,县市有高铁,连接南北东西的还将有科技含量更高的交通干线,包括磁悬浮列车、胶囊高铁等。空中运输也会非常发达,多数城市有机场。水上运输也将得到更大发展,江、河、湖、海相连,水路和陆路相连,空中和海上相连。二是交通干线信息化程度高。交通干线安装有各种传感器、雷达测控、摄像监控等设备,通过传感、遥感等技术手段,全时采集反馈复杂天候、道路通行、交通事故等交通信息。空中将有专用交通卫星,全天候采集地面交通信息。车辆借助网络,实现车路互通、车车互通、车辆和卫星互通,全面保障交通运行。三是车辆运行保障可靠。交通干线设置有若干个智能化保障服务区,可方便快速充电或加油,快速车辆维护,包括一切生活保障,甚至建有交通干线专属商业区。部分道路沿线还设置有行进间充电设施,方便车辆行进间充电。为快速解决交通事故,在部分区域敏感地段,建设有交通事故快速处置系统,保障道路快速畅通。

2. 拥有更多的智能化交通工具。未来的交通工具,将出现多元化、智能化发展趋势。轨道交通有磁悬浮列车、空中列车、胶囊高铁、海底高铁等,可以架设在高空,也可以铺设在海底,智能化程度高。地面汽车的发展,有自动驾驶汽车、城市交通舱等。另外，还有其他类型交通工作，如"零排放"的太阳能列车、高速替代能源的列车、高速公路驱动的智能汽车等，科学家还在研究"量子隐形传送"方面的交通工具。

3.交通平台发挥着巨大作用。交通运输管理部门或委托第三方，建交通运输管理平台，通过互联网云计算汇集交通信息数据，智能分析交通干线交通情况，并发布控制信息和相关服务数据。一是给执法部门发布道路通行情况，分析潜在安全隐患，以便提前做好应对准备，包括实施交通管制、智能控制车辆等。二是向道路维护部门及时反馈道路设施性能信息，以便道路抢修维护及时完成。三是给车辆发布道路信息，通报道路通行状况，帮助确定路线方案。四是给出行人员提供出行方案，包括时间安排、交通选择、宾馆预订等，并帮助预约车辆等。五是给货物运输提供运输方案，包括物流选择、货物取拿等，确保货物运送安全顺利。

（二）城市交通将会更加方便快捷

交通拥堵、交通事故、停车困难等，单方面依靠科技发展智能交通，是不能最终解决问题的，唯有同步发展公共交通、共享交通资源才是解决问题的根本办法。

1.城市交通建设发展智能化。城市交通压力的缓减，首先是发展智能化交通，并努力提高其使用率。一是改造地面道路。首先，打通断头路，拓宽狭窄路，保证路路通，减少单行道。其次，完成道路改造，满足智能化交通需要。再次，安装传感探测设备，实现道路智能化管理，包括红绿灯时间的智能化调控。二是发展空中交通。包括城市高架路、空中轨道交通、管道交通、磁悬浮轨道等，满足新型交通工具需要。三是发展地下交通。未来人口城市化将达到80%以上，全国大部分城市人口应该都会在

100万以上，除了地面、空中的交通以外，还需要建地铁，建地下胶囊高铁、磁悬浮列车等，满足城市运输需要。

2. 公交系统建设更加先进。拥有先进的智能化交通网络，必须要拥有智能化交通工具，同时必须是拥有更多的公用智能化交通工具，而不是更多的私人交通工具。城市交通，历史上就是公共汽车的主阵地，公交系统必须要打造自己的实力，从其他运营商手中夺回经营主导权，用好有限的城市道路资源。一是规划专用公交通道，类似现在的快速公交系统通道，让公共车辆畅通无阻。二是公共汽车、出租汽车将换成自动驾驶汽车，克服抢道、抢客等问题，减少交通事故。三是乘坐公共交通更加方便，时间上也能得到保证。四是将有更多的智能车辆成为共享单车，满足出行需要。

3. 私家车出行得到有效管理。2016年11月，在第三届世界互联网大会"互联网＋出行"分论坛上，百度总裁张亚勤爆出惊人的数据，目前中国车辆的平均载客人数少于1.5人，平均闲置时间是95%。应该说这种现象的出现，是私家车保有量过大，人们上下班也罢，长途出行也罢，一定要开车，好像"出门必开车，无车不出门"成了习惯。为此，对私家车的出行，将来一定会有更加科学的控制办法。首先是要以方便出行做保证，也就是交通的高度发达。其次是促成人的思想转变，不仅是出行上的方便，同时要改变拥有车辆的攀比之心。再次是制度上的管理，单双号限行、单人单车限行、倡导顺车搭载等，采取疏堵结合的方法。

（三）交通设施将实现智能化管理

交通道路和重要交通设施，通过传感遥感、全球定位等技术手段，全面实现智能化管理。

1. 智能获取交通设施性能信息。通过智能化监控检测设备，24 小时对铁路、机场、桥梁、高速公路等交通设备进行检测监控，及时发现、预报交通设备存在的安全隐患和损坏等情况，根据需要保证检修人员在第一时间完成检修，保证交通安全。

2. 智能修复排除安全隐患。配备有备份检测设备，及时替补检测系统损坏部分，保证 24 小时监测不间断。实现道路维护智能化派工，无须人工分析派遣。道路维修机器人将成为道路维护的主力，把人从作业环境差、安全隐患多、作业难度大的道路抢修中解放出来，保证道路维护的及时性、可靠性、全面性，提高道路的安全使用效率。

3. 智能管理道路交通干线。通过道路智能化设施实现自动融化冰雪、清理积水、清理卫生、清除路障、灯光照明、雾天防雾、侧风化解等，保证道路交通畅通。

另外，人的思想发生了很大转变。一方面不再把拥有好车当面子，如同现在没有人把拥有自行车当面子一样。未来人们的生活追求，已经发生转变，应该是拥有生态居住环境、食用生态食品等显示幸福指数，同时也有精神层面的追求，包括好的身体、健康运动、兴趣爱好等。再一方面人们出行已经习惯于不开车而用共享汽车，因为完备的公交系统让人出行更方便、更快捷、更安全，智能公交、智能地铁、智能空列、智能出租车等，准时正点，安全可靠，还有更多的共享汽车，可随时享受送车上门服务。

三、交通建设潜在商机

未来交通领域，潜在商机存在于交通基础设施建设、智能化交通管理配套体系和智能化交通工具的研发生产以及未来交通运营之中。

（一）参加未来交通设施建设

为适应未来发展，需要陆续新建和完善交通设施，资金投入量必然巨大。为此，参加交通设施建设，既是把握商机获得利润，也是发展科技获得荣誉。

1. 参加新型高速公路建设。目前，新型高速公路主要有两大类：一类是实现车辆在行驶中充电。这个方面我国已有先例，2017年全球首段光伏高速公路在山东济南正式通车，该公路全长1120米，光伏路面铺设长度1080米，年发电量约100万千瓦时，可实现电动汽车行驶中充电，同时还能为附近居民提供用电服务。第二类是通过高速交通系统驱动电动汽车。按照德国设计师克里斯蒂安·福格设想的高速交通系统理念，采用线性电动机网络，沿着高速公路驱动电动汽车前进。

2. 参与磁悬浮列车建设。早在2003年1月，世界第一条商业运营的磁悬浮专线在上海建成开通。未来磁悬浮技术会更加成熟，会需要建成更多磁悬浮专线。磁悬浮列技术一定要求非常高，可能也不是一般的公司所能掌握，然而也并不是不可企及，港珠澳大桥技术难度非常之大，也同样一个一个被攻克。

3. 参与超级高铁建设。超级高铁建设包括空中列车、胶囊高铁和海底高铁等，其包含的配套项目内容非常之多：一是特种材料的研发生产，包括特种钢材的生产，塑性材料的加工等。二是车辆部件的研发生产，品类多，需求大。三是干线工程建设施工。四是高铁装配运行等。

（二）紧跟交通工具研制步伐

汽车生产是制造业的标杆之一，飞机、轮船、火车的制造也同样具有标杆意义,体现一个国家的制造业实力和水平。

1. 智能环保代表交通未来。一是智能。智能化交通,必定要有匹配的智能化交通工具,才能适应未来的智能交通要求,实现智能化交通管理,也是把人从驾驶位置解放出来,提高安全系数。二是环保。环保是生态的总要求,是对包括太阳能在内的新能源的开发利用,降低对油料的需求压力。三是节能。未来交通工具也在向智能化、小型化方向发展,如智能汽车不仅在于节能,也是为了方便通行,减小占道面积,利于车辆停放。

2. 销售经营引领行业发展。工业 4.0 是制造业的发展趋势,互联网企业将成为联系客户和生产厂家的纽带,根据客户的需求制订生产方案,组织协调智能化工厂进行个性化生产,将至少推动三大改变:一是传统的 4S 店将会被颠覆。未来汽车不再需要 4S 店经销商,传统的 4S 店需要转型升级成互联网企业或纯粹负责售后服务。二是车辆设计将不完全掌握在厂家手中。在拥有核心技术的前提下,车辆的方案设计将在互联网企业手中,由互联网企业和客户商定。三是拥有核心技术的厂家,势必向互联网企业并轨转型,集设计、销售和生产为一体。

3. 生产整车观念需要转变。未来制造业的生产模式,在互联网企业确定产品生产方案之后,根据生产市场情况,将配套产品约定分派给多个厂家生产,最后再组装而成,打破了所有部件一个厂家生产或多数部件一个厂家生产的模式。同时,在产品组装问题上,也可委托第三方实现异地装配,由工业机器人到现地完成,减少大型产品长距离运输困难等,也是为降低生产成本。

(三)加入交通信息化建设队伍

智能交通信息化建设,主要是指建设智能交通平台,包括数据中心、交通管控平台、综合服务平台，以及监控系统、检测系统、警务系统、控制系统、引导系统等多个系统，涉及硬件需求和软件开发。

1.交通情况信息采集。主要是用于及时了解各个路段的车辆通行情况、事件处置情况、违规超速情况等，需要建立交通流量检测系统、交通事件检测系统、电子警察系统、卡口系统等，实现相关数据采集、处理和分析判断。同时，通过建设信号控制系统、视频监控系统实现临近管制。

2.交通管理信息采集。主要是采集机动车辆、驾驶人员、事故处理、设施建设等方面的信息，需要建设机动车管理系统、驾驶员管理系统、交通违法处理系统、交通事故管理系统、交通设施管理系统、警务管理系统等来实现和跟踪，借助智能设施设备，提高交通管理的有效性、及时性和针对性。

3.交通情况信息发布。这是和社会对接的具体方法手段，包括交通及时引导、交通情况查询以及交通信息发布、电台电视台的宣传等，需要借助建立交通引导发布系统、交通信息查询与决策系统、交通信息服务系统以及电台电视台来实现，让全社会用好交通、维护好交通、管理好交通。

4.交通管控指挥平台。这是为保障交通管理核心决策提供综合数据而设置，需要借助诸多信息系统，采集海量信息数据，经过数据中心处理，进行分析形成建议，便于决策层实施科学决策、快速决策。

（四）进入未来交通运营体系

未来的交通运营，仍然是国企央企唱主角，包括空运、海运和陆上运输，个体民营主要应该还是在陆上。

1.建立智能物流中心。当下的物流，主要是用于一般性货物的运送和线上商品派送，不能算是智能物流，不能满足工业4.0的需要。未来的智能物流，首先是需要和材料供应商、智能工厂实现精准对接。通过信息技术，能够迅速判读待运送货物的形状、体积、重量、包装、易碎等相关信息，并迅速传输到后台。其次是实现智能化分装配载。智能化分装配载，在于其准确无误解决人工误投问题，在于其安全可靠地保证原材料、生产配件安全送到智能生产线上。再次是需要完成智能化转接。厂家和物流之间、货物中转期间、物品仓储期间、物流和客户之间等，每一个环节都需要实现智能对接，确保万无一失，不存在出差错问题，精准对接运送。

2. 创建智能营运公司。未来智能营运公司，可以预测的应该是智能出租车公司和智能共享汽车公司，出租直升机也有可能出现。智能出租车公司，将淘汰传统的人工驾驶出租车，全部更换成无人驾驶汽车，运营成本将大幅减少，人员乘坐出租车费用也会相对减少。智能共享汽车，也同样是全部更换成无人驾驶汽车，一方面扩大了租用范围，不会开车的人也可以租车使用，拓展了经营覆盖面。另一方面送车和归还车辆也不必派专人送接，既方便了用户，也方便了租赁公司，减少了运营成本。出租直升机是一个设想，未来也是可能出现的新型行业。

3. 承包新型汽运公司。未来的汽运公司经营模式，应当和传统的经营模式是有区别的。未来的汽运公司，至少呈现三个特点：一是运营车辆应该全部是智能汽车。二是车票应该是预约电子票。三是车辆调度应该是在指挥控制室完成。由此可推测，汽车运营人员将大幅削减，除了技术维护人员、车辆调度人员和必要的跟车人员以外，人员成本将会降低，也就是降低了运营成本。那么，从承接承包汽运公司来讲，技术维护人员、车辆调度人员应当是经营主体，当然由于车辆的智能化、人员削减等原因，还会出现一些其他情况，应当在承包时考虑到。

第六章

智慧小区中的商机

一、现在的小区建设现状

现在的住宅小区，从建设到管理，基本是依靠人力去完成，不但不能适应小区情况复杂多变的管理需要，也间接加大了管理成本，管理效果还不好，问题难以解决。

（一）设施建设有待加强

1. 小区绿化景观单调失修。按照《城市居住区规划设计规范》（2016年版）规定，新小区建设绿化率不应低于30%，旧小区改建绿化率不应低于25%，而这个标准在部分小区还没有实现。小区的环境应当绿化美化，应当建成花园式的小区。这方面新开发的小区规划要好一些，有名贵树种、小桥流水、瀑布喷泉、四季如春，景色宜人。但是，有相当多的小区，几年时间过去后，树死草枯，有桥无水，瀑布断流。分析原因所在，主要是物业不负责任，不愿意投入。

2.人防工程等通风问题严重。小区内的人防工程，主要用于停放车辆，划为车位或出售或出租，人员流动量非常大，内部环境也非常差。一是通风不畅。小区人防工程虽然安装有通风设施，但是通风不及时或通风效果不好，内部不仅氧气不足，甚至还充满难闻的气味。二是照明不好。新建小区要好一些，老的小区管理相对比较差，照明设施损坏严重。三是管道纵横交错。自来水管道、排污管道、煤气管道、供暖管道等，相互交织，若一处爆炸损坏，多处管理将受到影响，安全隐患比较大。

3.低楼层住户采光无法解决。《城市居住区规划设计规范》（2016年版）规定：条式住宅，多层之间不宜小于6m；高层住宅之间不宜小于13m；高层塔式住宅、多层和中高层点式住宅与侧面有窗的各种层数住宅之间应考虑视觉卫生因素，适当加大间距。规定的住宅建筑日照标准是，大寒日大于等于2~3小时，冬至日大于等于1小时。而许多住宅小区，存在楼距不符合标准的问题，低楼层住户一年大部分时间没有光照，有的低楼层住户是常年见不到阳光。应该说，按照标准，就是阳光照射3小时以上也不算多。

（二）小区管理差距较大

1.小区各类设施管理不到位。小区内的自来水、电路、煤气管道、消防设施、供暖设备等，仍然是靠传统的人工检查、人工检修，包括电梯的检查检修。但是，由于人工检查存在主观性，往往达不到检查效果。一是不能按时间实施定期巡查。虽然设施设备有规定的检查时间，但是由于是人工检查，在执行上容易不到位。二是巡查的细致程度存在情绪化。存在检查走过场、不认真的问题，不能及时发现问题，排除隐患。三是检修的质量打折扣。以电梯为例，反复向物业报警，电梯公司也多次派人来检修，总是无法彻底排除，仍然是反复出现故障。

2. 小区车辆停放管理问题较大。首先是私家汽车的停放管理，乱占他人车位、随意停放在过道上等问题是经常出现的，主要是没有车位的车辆和外来临时车辆的停放，此类问题往往无法得到有效解决。其次是电瓶车乱停乱放的问题非常严重，占领人行道、占领消防通道，堵在大门口、楼梯口和楼梯内，物业管理难度大，留下太多安全隐患。有些还将车辆随意停放在草坪上，破坏了小区绿化。

3. 环境卫生及时清理维护不够。包括室内和室外的卫生，一是及时清理跟不上。卫生保洁人员，每天只能定时巡视责任区域内的卫生状况，做不到随时跟踪，无法实现及时清理。二是卫生死角比较多。主要是高的地方、远的地方或相对隐蔽的地方以及不易打扫的地方，容易成为卫生死角，卫生检查的人通常也不愿意去这些地方。三是存在无法清理的地方。比如常年渗漏排污，保洁人员做不到从源头上解决问题。再比如楼面卫生清理，没有特殊设备是无法清理保洁的，包括玻璃幕墙不及时清理影响采光问题。

4. 楼内管理存在问题比较多。主要是部分业主乱堆乱放杂物，占用步行楼梯，占用消防通道，占用配电房，更有甚者还改建消防通道、楼梯拐角变成私人空间，不仅影响上下楼梯，同时还影响消防灭火工作。这些问题的存在，是业主的问题，也是物业管理上的问题。这些问题管理起来难度非常大，靠人员天天查看，费时费力，效果不好，从根本上解决非常难。

5. 小区安保作用发挥不太好。小区安保人员，主要应该担负检查外来人员和车辆、巡查小区内部治安、管理车辆和停车场、收集业主的投诉和意见、监控重点部位和区域等工作。但是，从安保人员履职情况来看，多数只是安排大门口值班，必要的夜间治安巡查组织得也非常少，应该履行的职责并没有履行到位，有的小区还另外赋予保安人员催缴物业费任务。

小区安保消防报警系统也有问题，有相当一部分小区保安和公安消防没有建立联系，小区内虽然设置有报警系统，但多数联不上，包括住宅内安装的报警消防装置，有不少是不能用的。

（三）住宅装修较为传统

现在的房屋装修，智能化程度不高，并且是普遍性。一是住宅屋不具备布置智能家居的条件，包括网线铺设不到位、总控线路没有预埋、墙体窗子无法再改造等，影响了智能家居筹划布置。二是家电家具没有智能化，电视、音响、洗衣机、冰箱非智能产品，门窗手动开启等。三是传统装修理念没有改变，停留在能生火做饭、能看电视休息等一般生活必需上。部分年轻人居住的房子，虽然有这方面的意识，但也只是安装电动开关门窗、监控报警设备、智能门锁等，和智能住宅要求相差甚远。

二、未来的住宅小区发展趋势

未来的住宅小区，会同城市建设发展一样，向智能化方向发展。

（一）小区将实现智能化管理

住宅小区如同城市建设，随着入住率提高，小区的承载压力也在加大，为用好现有资源保障更多业主，小区同样需要借助科技手段，实现智能化管理。

1.搭建智能管理平台。参照智慧城市、智慧交通等智能管理平台，构想智慧小区管理平台体系，区分小区管理、楼盘管理、用户终端三大用户界面和数据中心、若干要素体系进行搭建。一是信息采集。通过在小区内安装监控、传感、遥感等信息采集设备，同步采集各类信息数据，让小区变得透明、可分析、可控。二是信息处理。借助网络传输信息，经过数据中心处理数据，分析比对信息，形成决策数据和信息反馈。三是信息运用。通过网络技术，将决策性数据及时反馈给小区智能控制中心、楼盘管家等相关人员和选择性发布到业主App终端，用于物业决策、现场管控和提醒帮助等。

2. 小区实现智能管理。通过安装在小区内的各类监控设备，全时监测小区内情况，并及时采集各类信息数据，通过数据中心进行分析研判，辅助物业做好小区服务。一是智能分析小区安保情况，以便及时在特定的时间和地点加大保安巡查力度，处置治安安全问题。二是智能显示小区绿化卫生不足，以便随时清理卫生死角，智能控制绿化养护等。三是智能监控车辆停放管理情况，报警提醒他人不得占用私家车位，警示车辆不要乱停乱放，保持车库（场地）良好秩序。

3. 楼盘实现智能控制。联合公安、消防、医院等，以及供水、供电、供气、供暖等服务机构，通过安装大量的传感器等信息采集设备，及时采集楼内设施设备运行情况信息，经过数据处理做出分析判断。一是检测治安消防等报警设备完好情况，确保治安报警、消防报警、医疗报警等设备的正常工作。二是检测水电等基本设施安全运行情况，监控水管、电路、煤气、供暖等设施，保证一有故障及时排除。三是检测楼道内通行情况，监控电梯运行、配电房安全、消防通道通电，以及楼道内卫生秩序的保持等。

（二）房屋装修将向智能住宅发展

智能家居，简单地理解就是实现传统家居智能化，利用网络技术、信息传输、自动控制等手段，将有关安全防范、医疗保健、生活消费等设施设备纳入家庭智能管理体系，一方面是实现智能化管理，另一方面是和外界智能化联通，提高家庭住宅的安全性、便捷性、舒适性等，并实现节能环保、健康宜居。

1. 室内始终保持舒适。一是窗帘控制系统和灯光总控系统相连，智能开启灯具和打开窗帘，保持室内采光明亮舒适。二是室内空气监测系统智能控制窗子和通风设备，保持室内空气新鲜。三是室内温度控制系统自动控制空调、地暖等设备，保持室内温度和湿度。四是音响视频等智能化设备，定时打开音乐、播放新闻、推送节目。

2. 智能设备服务周到。首先是智能机器人进入家庭，成为高级保姆。智能机器人不但能够做家务，而且还能聊天逗乐、事情咨询等。二是厨房烹调设施、电饭煲、冰箱等智能化，自动做饭炒菜，提供营养食谱，自助采购食物等，保障人的健康饮食。三是让卫生间功能更加多元，智能马桶、智能淋浴房、智能洗衣机、智能梳洗台等，为居住者提供更好服务。

3. 居住环境更加安全。使监控设备、防盗报警和小区安保系统相连，可及时传输室内安全情况。安装防电、防火、防煤气泄漏等智能传感系统，及时触发防护和报警装置，防止触电、火灾和煤气中毒，时刻保卫人的生命和财产安全。人叮穿戴智能监测设备等，和约定医院健康系统相连，随时给医院发送健康情况信息，第一时间向医疗机构求助，保障生命安全及身体康健。

4. 智能家居互联互通。一是家庭成员可通过手机终端，实现对室内设施设备进行远程控制。室内设施设备根据设定，也可随时反馈信息到个人移动终端。二是智能化设备和售后服务相连，可随时反馈信息报告设备运行情况，售后服务中心根据数据信息，分析判断故障并及时加以排除。三是部分智能化设备可设定成与商业网络联通。例如，设定智能冰箱和某食品供应商相连，根据食谱安排和居住人员要求，实现自助网上定购主副食品，辅助购买生活用品。

（三）物业将会被销售商接管

物业管理将会被商业服务机构接管，这不是不可能的。

1. 现在的物业服务水平难提高。其中有一个重要原因就是保障经费没有来源，没有足够的保障经费是很难做成事情的，一方面是建设智慧小区需要大量经费，还需要维护的费用。另一方面是工作人员工资在逐年上涨。虽然实现智能管理后，人工会减少，但工资支出总量可能不会减少。在这种情况下，唯有提高物业费的收取标准，可是对现在的物业费标准，业主们都感觉到比较高，如果再提高物业费标准，则会更难收取。这样的僵局存在，可能是普遍性，而且打破它也比较困难。

2. 销售商需要小区这个平台。首先，现在的网购物品存放存在着矛盾。传统的信件、征订的报刊等，可存放在邮件信箱中，可现在的网购物品，多数小区没有安排专门的收存和转发，物流公司只能委托第三方也就是附近的商业点代收代转。其次，业主一般性的生活消费基本相同，这便于销售商实现智能化供应和集中送货上门，拥有小区这个平台将更加方便。再次，为扩大服务内容，人员集中居住会更加方便，比如，医疗保障服务、健身保健服务、文化娱乐服务等，人员在同一地方将方便组织，也需要在小区有一个专门的场地平台。

3. 商业收入能够贴补物业支出。小区物业被商业机构接管，可适当收取或停止收取物业费，小区物业同样可以运转。一是商业机构经营收入可以贴补物业所需。住宅家庭按120平方米住房面积计算，每年收取物业费约3000元，对比一个三线城市普通家庭一年生活开支约3万元，按10%的商业利润折算应该有3000元收入归服务商所有，基本和物业费持平，如果是一二线城市服务利润收益还会更高一些。二是小区资源可实现商业共享。一方面是人力资源，小区人员和商业人员可互通共用。另一方面是场地资源，商业所用场所将不再需要增加费用，节省了经营成本支出。再一方面就小区信息资源实现共享，这会方便服务广大业主，方便经营组织实施，居民共建共用同一个小区管理服务网络平台。

三、智慧小区建设项目较多

智慧小区建设是智能家居发展的前提，智能家居发展是智慧小区建设的基础，不但是重大的民生工程，而且也是关乎社会文明。

1. 承建新住宅房。随着人们生活水平的不断提高，住房条件也在不断地改善。时至今日，住房的发展已经历了茅草房、砖瓦房、电梯房三个阶段，也就是第一、二、三代住房。为提供更好的住房条件，清华大学建筑研究院设计出第四代住房，其主要特征是：每层都有公共院落，每户都有私家庭院，可栽花种草遛狗养鸟，可将车开到空中，建筑外墙可长植物。第四代住房，不但能够改变城市风貌，还能够改变传统鸟笼式住房风格，使家庭变成家园，使城市变成公园，实现人与自然和谐共处。建筑业永远有未知空间，828 米高 162 层世界第一高塔哈利法塔、比五角大楼还要大的北京首都机场、世界第一大水电工程——长江三峡大坝、全长 55 千米的港珠澳大桥等，充分展示了人类的智慧、胆识和气魄。未来的住宅，在第四代住房设计的基础上，还可能向更智能化方向发展，根据功能需要、节能环保、艺术设计等，房屋可建成旋转平移、楼层互换、房间折叠、阳台伸缩等模式，保证采光通风、温湿可控、安全方便、节能环保、风格各异，让人享受更美好的生活、观赏更美好的世界。

2. 承接小区物业。立足提高小区物业水平，着眼全方位来服务业主。一是推行小区智能化管理。借助现代科技手段，搭建智能化管理平台体系，对小区实施全方位监控、全时监测，实现智能处理和人工决策相结合，增强小区物业处理的准确性、及时性、有效性，减少人工成本，提高管理层次。二是全方位服务好业主。立足广大业主生活所需，和更多的商业机构合作，在日常生活消费上搞好服务，特别是生态粮油、蔬菜、副食品等生活必需品的供给，将产生的收益贴补物业开支。三是共享现有资源。人力资源共享共用，节省人力成本。场地共享共用，合理借助小区场地，既利于业主，又便于经营。信息系统共享共用，便于开展物业服务，也便于经营运作，实现智能推送销售。

3. 参建智慧小区。智慧小区建设，未来建设量会非常大，应该是一个好的商机。一是制订智慧小区建设方案。根据小区规划、建设要求、人员入住等情况，区分物业管理、智能销售、业主终端等功能模块，设计好智能安保、智能绿化、车辆管理、设施监测、各种预警等必要的系统，方便建设施工。二是组织智慧小区技术施工。可以是自己的方案，可以用别人的图纸，然后组织有实力的技术团队，在硬件建设、软件开发、系统调试、检修维护等方面，进行严密施工组织，保证质量，服务社会。三是研发经营配套器材设备。智慧城市、智慧交通、智慧小区、智慧农业、智能制造等各类智能化建设，离不开各类硬件支撑，诸如能够听取世界声音、看到世界色彩、感应世界变化等传感、遥感、雷达、监控等，而且需求量是巨大的，这些硬件需要研发生产。

4. 承接智能装修。智能装修是对传统装修行业的挑战。传统装修行业，主要是做弱电强电布线、冷热水管铺设和瓦工、木工、油漆工等一般性施工，大跨度装修设计受房屋结构限制和主人喜好限制，也受施工水平限制。

智能化装修需要考虑多个方面：一是要了解房屋住宅是否具有智能装修条件，房屋是不是智能控制房等情况。二是要掌握相关智能产品的性能，以便装修设置布局。三是装修设计的理念要向智能化靠拢，要便于布置智能化设备，包括自动充电装置设置、机器人行走不受影响等。四是要考虑智能化设备和传统家具之间的协调统一。

5. 智能种植绿化。这是智慧城市、智慧小区建设的重要组成部分，是打破传统种植不能适应未来建筑外墙绿化等需要的方式。首先是要统筹建筑风格和绿化映衬。一方面是解决城市建筑和城市绿化之间的交叉互补的问题，让建筑成为城市的主旋律，绿化成为城市的最佳和声，共同演绎城市文化。再一方面就是解决城市风光和自然环境整体协调问题，让城市融入自然呈现和谐美韵，让城市如同宝石镶嵌于自然之中。其次是把"城市搬进公园"，按照公园要求统一规划城市绿化，伸手能摘果，临水能赏鱼，解决"各唱各的歌，各拉各的调"的问题。再次是智能化种植管理。借助现代科技手段，采用传感遥感技术，监测土壤湿度和肥效，自动浇灌施肥花草，始终保持树木花草旺盛生长，把大量人力从繁忙的体力劳动中解放出来，压缩绿化成本，提高整体美感。

6. 建智能停车场。未来的车辆发展，不仅给交通出行带来问题，车辆停放也将是一个大问题。现在不少的家庭已经拥有车辆，有的家庭还拥有多部车辆，未来的家庭将会拥有更多车辆，会导致车辆停放非常困难。然而，停车场地是有限的，不实行智能化管理、科学停放，将无法解决，为此建智能化停车场势在必行。智能停车场建设，在世界范围内已经有了很大发展，未来中国一定会有更大市场，其研发、设计、生产、安装和维护，前景一定非常广阔，对社会发展具有重要意义。

第七章

数字经济中的商机

一、经济建设趋于数字化

人类是进步的,社会是发展的。随着时代的发展,经济模式也在发生变化。

随着互联网的发展,大数据在经济领域得到广泛而深入的运用,并正在帮助精准分析市场和准确分配资源,其标志着一个新的经济时代将要到来。

(一)大数据运用于社会各个领域

借助互联网云计算等,大数据的分析运用,在社会各个领域已经是如火如荼。大数据最早在军事领域得到运用,提高了军队信息化建设水平,提升了军事情报获取分析能力,促进了指挥决策方式变革和作战指挥流程的优化,加速了新型武器装备的发展,同时也推动着战争形态发生变化,引导着军事组织形式变革和军队体系作战能力的提升。大数据运用正在向教育领域推进，一些世界著名高校已经开始启动教育大数据研究，以寻找教育规律，拓展教学方法，提升教学管理。大数据在医疗领域的运用也将发挥巨大作用，通过分析比对医疗数据，为医生提供疾病早期诊断、个体诊断及治疗、智能用药提醒、不良事件预警等，帮助医生做临床决策，减少临床诊疗失误。同时强大的大数据运算能力，可以帮助医务人员分析海量的临床数据，为医学研究提供依据，推动医学科研发展。大数据在交通领域中的运用越来越重要，为交通主管部门提供决策依据保证交通安全顺畅，为用户提供出行方案和导航。大数据运用于诸多安全领域不可回避。通过海量数据分析，预测判断犯罪，寻找犯罪证据，打击新型犯罪。通过海量数据比对，预测火灾火警、煤气泄漏、电力安全，保证城市安全等。大数据运用于社会各个领域，也为创造商机提供了土壤。

（二）全球大数据服务平台正在兴起

全世界范围内，大数据发展浪潮非常之高，有关数据显示，目前资金投入将接近 2000 亿美元，知名的大数据公司相继成立。Palantir 公司（中文名帕兰提尔，源于《指环王》中可穿越时空、洞悉世间一切的水晶球 Palantir）被誉为硅谷最神秘的大数据独角兽企业，短短几年内跻身百亿俱乐部，成为全球估值排名第四的初创公司。Palantir 的传奇故事很多，主要服务于国防安全、政府管理和金融机构。Tableau 公司，将数据运算与美观的图表完美地结合在一起。它的程序很容易上手，各公司可以用它将大量数据拖放到数字"画布"上，转眼间就能创建好各种图表。这一软件的理念是，界面上的数据越容易操控，公司对自己在所在业务领域里的所作所为到底是正确还是错误，就能了解得越透彻。Splunk 作为全球首个上市的大数据公司，凭借迅速的业务扩张和 80% 的利润率赢得了投资者的青睐。Splunk成立于2003年，总部位于美国旧金山，是一家商业智能软件提供商。Splunk的软件平台能够对任何App、服务器或网络设备的数据进行索引、监控和分析，并将结果生成图形化报表。由于Splunk的搜索功能异常强大，它也被称为"大数据界的谷歌"。阿里云创立于2009年，是全球领先的云计算及人工智能科技公司，以在线公共服务的方式，提供安全、可靠的计算和数据处理能力，让计算和人工智能成为普惠科技。阿里云服务着制造、金融、政务、交通、医疗、电信、能源等众多领域的领军企业。海致网络技术有限公司，成立于2013年，主要业务是作为一个云端企业数据分析管理平台，用直观、多维、实时的方式展示和分析企业数据。它能一键联通企业内部数据库、Excel及各种外部数据，在同一个云平台上进行多维度、细颗粒度的分析，亿行数据、秒级响应，并可在移动端实时查看和分享，全面激活企业内部数据。GrowingIO成立时间为2015年5月，创始人张溪梦，是基于用户行为的新一代数据分析产品、提供全球领先的数据采集和分析技术的公司。企业无须在网站或App中埋点，即可获取并分析全面、实时的用户行为数据，以优化产品体验，实现精益化运营，用数据驱动用户和营收的增长。

（三）大数据在经济领域广泛应用

大数据时代的到来，对经济领域的影响是深远的，甚至是颠覆性的。比如，大数据助力企业决策。目前有众多企业，为提高企业决策的科学性、快捷性，在传统的市场调查基础之上，借助网络信息技术，通过对关联企业的海量数据分析，一方面是帮助完成市场调查；再一方面是努力挖掘更有价值的信息，寻找企业新的突破口，做出更科学的决策。大数据用于销售经营。为实现销售精准服务，通过采集消费者的不同性别年龄、身高体貌特征、个人兴趣爱好、学位知识结构、生活消费习惯、工作性质特点以及对不同品牌商品的点击访问情况等海量数据，进行科学分析判断，得出不同消费者对不同商品的款式要求、价格承受以及潜在需求量和不同地区的需求量，为商品销售策划做准备，并提前把商品运送到相应地区，方便销售者第一时间拿到商品。大数据服务金融领域。贷款是银行一项重要业务，运用大数据可以识别不良投资者或不良贷款人的潜在风险，帮助银行降低贷款风险。推出更适合的产品和优惠，增加客户满意度，是银行把握客户的关键，金融部门可通过分析客户群数据，轻松定制出相应方案，以满足不同客户群体的需求。防止客户网上交易受骗是银行又一关注重点，使用大数据可以帮助银行了解不同客户的消费习惯等，以便银行第一时间提醒客户，防止金融诈骗发生。

二、数字经济将主控未来

（一）数字经济模式正在诞生

随着网络时代的发展，社会需求将更加清晰直接，智能化生产将更加方便快捷，资源配置也将更加科学合理，为顺应网络时代的经济发展潮流，数字经济模式必然诞生。

1. 智能化工厂为数字经济的实现奠定了基础。通过工业 4.0 的推进，工厂将完成向智能化工厂转变，同类型智能化工厂将拥有相同的智能化生产设备，根据同一张图纸能够生产出完全相同的产品，打破了传统工厂因技术问题而制约生产能力的情形。不同智能化工厂的主要区别，就是智能化设备的学习，也就是智能化生产设备的操作应用程序是否领先、精准、匹配，如同电脑一样，只有安装了不同的应用软件才具备相应功能。智能化生产设备操作应用程序，需要研制开发。智能化工厂再一个大的区别，就是智能化生产设备的自我学习，通过读取海量数据培育智能化生产设备的更多生产能力。

2. 社会资源配置不再受控于传统市场或计划调节。市场经济模式下，社会资源分配是通过市场调节实现的。计划经济模式下，社会资源配置完全按计划执行。社会主义市场经济，可以理解成在宏观调控下服从市场调节分配。而未来数字经济模式的资源配置，将打破计划配置或市场调节的配置方式，交给网络数据分析，资源供应商根据大数据分析，预测社会资源潜在需求去向，制订相应供应方案，并做好物资提前运输储存，方便第一时间供货。智能化生产商家，根据个性化定制批量生产计划，和资源供应商在网上对接，在双方不见面的情况下完成了定量采购，改变了传统的生产资料提前批量购进和储存的做法。

3. 工厂生产无须受传统市场调节直接和客户对接。未来的工厂生产，基本上是订购式或定制式生产，传统的大批量生产和批发销售将会消失，也包括日常生活用品的生产在内。首先看一般性工作和生活用品，地区销售商等通过大数据分析，预测出相应商品的地区需求量，然后向相应厂家下订单，厂家根据订单进行生产，不需要提前批量生产然后送批发市场。再看定制商品的产供过程，厂家和客户通过网络销售服务平台进行对接，确定定制方案再进行生产，厂家同样不需要提前大规模生产，直接根据销售商和客户要求进行生产，打破了按传统市场调节的生产模式，解决了产品积压和资源的浪费问题，同时快捷地满足了订购和定制需求。

（二）网络技术成就数字经济

在数字经济时代，资源供应商、智能化工厂、互联网企业等，需要通过大数据计算，对市场潜在需求的分析将会更前瞻、更全面、更准确。当然，这一切需要有发达的网络做支撑，市场需求才会变得更加透明，市场供给才能得到更好保障。

1. 政府主导打通网络世界通道。数字经济时代，为推动经济社会发展，需要建立信息交通大动脉，打开通向网络世界的道路，和全世界保持互联互通。首先需要政府出面建设。网络世界建设，是一个复杂的浩大的工程，不仅是硬件建设非常复杂，软件建设也非常庞杂，这不是一般性的机构或组织所能完成的，需要国家层面整体布局。中国互联网从1989年开始建设，目前已经成为全球第一大网，其网民人数最多，联网区域最广，但是中国互联网整体发展水平还不太高，离未来数字经济时代发展的需要还有非常大的差距，包括网络的可靠性、稳定性、科技性等方面，还需要有更大、更多的突破。其次需要和智能城市等建设统一。互联网建设不是"单打一"，其服务也不是单一的服务。目前，诸多国家，包括中国在内，在大力倡导智慧城市、智慧交通、智慧农业、智慧工作、智慧医疗等一切智慧建设。这些建设都不是单一的，需要国家和各级政府有一个统一布局，统筹考虑，统一安排，相互促进，融合发展，才能更有效地用好各方面力量，推动网络建设更好更快发展。

2. 机构组织需要敞开网络大门。数字经济时代，为未来发展打开了更为方便之门，就如同推开门窗看到了蔚蓝的天空。为了发展自我润泽自己，需要敞开自己的房间内室，才能享受温暖的阳光、新鲜的空气，这当然也需要敢于暴露"隐私"的勇气。为此，为享有数字经济时代带来的便捷，各类机构组织，已经认识到主动融入网络的重要性。一是主动融入。认识到只有融入才能有发展的可能，只有融入才能和时代对接，只有融入才能提高工作效率，只有融入才能有更大发展。二是充分融入。打破本位主义，放弃信息孤岛，推翻数据壁垒，敢于挑战自我，接受网络世界。三是善于融入。根据工作性质，着眼安全保密，打包加密封存，保护信息安全，防止不法侵入。

3. 各个行业借助网络寻求发展。发达的数字经济社会，方便政府服务社会，方便机构组织融入社会，也方便各个行业的建设发展，其先决条件同样要融入网络和借助网络。首先是积极融入网络。转变思想观念，坚持数字经济时代特征，努力了解数字经济、熟悉数字经济、掌握数字经济规律，把所从事的行业融入网络之中。其次是依托网络思考筹划。学会使用网络，借助网络平台，提取信息数据，进行决策分析，制定经营策略，接受网络测试，保证建设方案更科学更合理。再次是借助网络寻求发展。坚持工作运行于数字经济模式之中，用数字经济时代的头脑运筹工作、安排工作、组织经营，打破传统的不匹配的生产关系，激发更大的生产潜力，创造更大的社会财富。

三、数字经济带来的可能

（一）虚拟世界的建设涌现未知

1. 虚拟世界需要安装无数个眼睛和耳朵。随着物联网的发展，各种监控设备、语音识别、传感遥感等设备将会被广泛安装，比如可见光、红外光、微光监控设备和无线监控设备等,这些设备将成为虚拟世界的眼睛,语音识别系统将成为虚拟世界的耳朵。接入互联网的物将会越来越多,物的无处不在代表着虚拟世界的眼睛耳朵无处不在,其也将是实现数字化、网络化、智能化的重要标志,只有看得"更清",听得"更远",才能实现更大"智能",才能更多地服务社会。虚拟世界的眼睛、耳朵,包括二维码识读设备、射频识别装置、红外感应器、全球定位系统、激光扫描器、气体感应器等。未来还需要研发更多这样的物,其潜在需求非常大。

2. 智能化设备是虚拟世界的服务使者。人类为对接虚拟世界,在虚拟世界开了若干个窗口,包括电脑、手机、电玩头戴式 VR 等设备,让人通过这些智能设备看见虚拟世界。这些智能设备在为人类提供服务,包括文件处理、语音通信、电玩模拟等。这些智能设备非常多,将来还会更多,如智能家居有一体化智能化餐具、智能化厨柜冰箱、智能化卫浴设备、智能机器人等,智能办公有智能化办公设备、远程办公设备、机器人工作秘书等,智能化工厂有智能管理系统、智能生产系统、智能生产机器人等。智能化设备的研发和生产,也是一个潜在大市场,拥有的前景非常广阔。

3. 虚拟和现实世界互动需要更多设备。不管未来发展到什么程度,最终主宰者是人,然而人离不开相应的互动设备。虚拟世界和现实世界对接互动,需要三个层面人员:一是数据管理、程序开发人员,他们通过操作大型计算机和服务平台等,实现虚拟世界的数据管理和相应程序的开发;二是智能化设备操作人员,通过智能化设备显示窗口和操作控制器,实现和虚拟世界互动,操控智能化设备运转;三是一般性用户,如智能办公设备使用者、智能手机使用者、智能家居使用者等。为了方便这三个层面人员的操控,不仅要使电脑显示、操作键盘、操作按钮等更为方便快捷,同时还会在语音、无显示器键盘、完全光影化等操控互动设备方面有更大的发展，其研发量、生产量、经济价值等潜力是无法计算的。

（二）大数据如同矿藏可供挖掘

1.大数据在各个领域的运用已成为必然。目前，在世界范围内，大数据已经在政治、军事、经济、文化、教育、宣传、医疗、餐饮、旅游等各个领域得到了重视，未来一定会得到更为广泛和深入的运用。未来的世界，通过对大数据的挖掘，新领域、新行业、新服务、新装备、新技术等一定会如潮水般涌现，各个行业也会因大数据的运用而得到蓬勃发展，由此将产生众多新经济模式、新业态，其间的变化和蕴含的商机将是无限的。

2.大数据已经成为未来的重要战略资源。大数据成为新型资源已经是不争的事实，是企业和社会关注的新战略资源。数据的采集可以作为一种行业独立存在，所采集的数据可当成商品销售。大数据和互联网、云计算深度结合，还将与物联网、移动互联网深度结合，其将推动大数据有更大的发展变化，使大数据的采集挖掘、运用分析、数据营销等发挥出更大的影响力，同时也必将产生更大的商业价值。

3.虚拟世界数据采集需要打破铜墙铁壁。虚拟世界，大数据存在相对割裂，数据库互不相通的问题。主要有两大方面原因：一个方面就是保密安全问题，政府的重要建设数据、重大决策方案等，企业的经营策略、重要商业活动等，要防止泄密；再一方面就是技术问题，所使用的软件系统互不兼容，数据无法实现共享互通。在今后的数据采集、系统研发、信息解密等问题中，还会遇到这一类的问题，需要通过在技术层面去解决，研发相应软件，打通这些铜墙铁壁，助力大数据发挥出更大的作用。

（三）生产集群推出新工业时代

1.智能化生产设备接入互联网更能发挥优势。建立智能化工厂，安装智能化生产设备，来满足工业4.0生产需要，但是其未来仍有很大发展空间。通过把智能化生产要素接入互联网，可策划建立智能化生产集群，实现不在同一地方、不在同一工厂、不在同一行业的更高层次的合作，提高企业间的合作能力，实现同行业、跨行业、同产业之间的大合作，实现智能化工厂向智能化生产集群转变，实现个性化批量生产向个性化系统生产转变。

2. 生产设备人工智能化将推进工业向更高阶段发展。生产设备人工智能化，一方面实现工厂生产完全不需要人，由机器人指挥操控一切，保证车间有序生产。再一方面就是装配上的人工智能合作，特别是对复杂系统设备的安装、大型工程项目的建设等，需要多行业、多领域、多工种的密切配合，通过人工智能来实现大跨度行业合作，完成复杂的工作配合，实现无人化操作，提高工作质量效率和解决恶劣环境工作困难等问题，推进工业向更高阶段发展，甚至是推出新工业时代。同时，生产设备人工智能化的意义已经不局限在拥有商机上，而是标志着人类文明在向更高阶段发展。

3. 人工智能设备需要通过不断学习才能增强本领。智能设备的学习，源于人工智能领域，是一门多领域交叉学科，涉及概率论、逼近论、统计学、凸分析等多门学科。传统的算法包括决策树、聚类、贝叶斯分类、支持向量机、EM、Adaboost等，学习方法可以分为监督学习（如分类问题）、无监督学习（如聚类问题）、半监督学习、集成学习、深度学习和强化学习。这些算法、学习方法的问题，属于人工智能开发者的事情，是顶级专家们的事情。从商业角度来讲，我们应当关注智能设备的学习数据问题，也就是要采集梳理好相应的大数据，满足设备学习需要。

第八章

销售行业中的商机

一、网络销售现状分析

网络销售，就是在互联网上搭建销售平台，借助物流将商品送到消费者手中，完成销售的一个全过程。网络销售发展到今天，不仅促进了经营发展，还带动了其他领域的发展。

（一）网络销售发挥的作用

网络销售，是经营领域的一个重大突破和重大创举，其所产生的作用是巨大的。

1. 突破了传统经营模式。20世纪90年代末，互联网营销开始兴起，大约经过10年时间进入了"全面爆发"时期，使传统销售几乎进入"冰河时代"，实体店、线下商铺的经营可谓"一落千丈"，逼着实体店重新考虑经营思路，包括送货到家、近距离线上销售等，把实体店经营推向更好的发展方向。

2.拓展了商品销售覆盖面。首先是把商品信息传递到了千家万户，使再远的地方、再偏的地区的产品让全世界都能知道，如同把产品直接投放到世界上最大的市场一样。其次是先进的物流可以把商品送到千家万户，保证各种商品可以销售到全国各地，甚至是世界各地，有力地保障了网络经营，同时也推动了物流业的发展，并带动了更多行业的建设。

3.促进了制造业发展升级。互联网销售平台可帮助客户和厂家直接对接，使厂家能够根据客户需求制订个性化生产方案，并能智能分单到智能化工厂，进行个性化批量生产，解决了不方便和客户对接、传统的生产销售周期长、个性化生产条件不具备等问题，起到了助力和推动制造业向工业4.0发展的作用。

另外，它还为传统工艺品、特色农产品等打开了销路。全国各地有非常多的传统工艺品、特色农产品、山珍海味、秘制糕点等特优产品，这些特优产品，可以通过电商平台向消费者展示，使更多的人能够了解到、购买到、享用到，满足了消费者需求，拓展了特优产品销售渠道，富足了贫困山区，保护了传统工艺，解决了只能在地区内销售、低价位销售的问题。

（二）网络销售存在的问题

任何事物都存在两面性，优劣并存，好坏并存，网络销售也是如此，需要改进和完善的地方很多。

1.容易造成恶性价格竞争。在网上购物，只要消费者输入要购买商品的关键词，同类商品连同价格会迅速跳入消费者眼帘，如此既方便了消费者选购，也引入了价格竞争。然而，不少消费者习惯于先看价格，进行价格比较后，再去看购物评价和产品介绍，这样就容易造成虽然产品质量很好，但是价格略高或超过购买者心理价位的商品"落选"。厂家为应对"价格优先"的问题,也采取了相应的对策,如通过降低材料成本、制造工艺等办法,专门生产网上销售的产品,让其价格更具竞争优势。有一些销售平台,为吸引消费者,还推出了"秒杀""特价"等手段,这更是用价格来错误引导消费者,最终会减少消费者对好产品的购买率。恶性价格竞争其结果只能是厂家不能生产好产品,消费者买不到好产品,甚至影响到"中国制造"的大战略。网络销售服务平台,包括线下实体店的导购,都应该在产品性能上、质量上、外观造型上和售后服务等方面,加以正面引导介绍,不应该是单纯地在价格上推介,这才是真正的为消费者服务。

2. **商品营销成本居高不下。**网络销售,相比线下经营,增加了推介和物流的费用,这相当于间接增加了商品成本。在商品推介方面。首先是要拍摄制作用于介绍商品的外形特征、主要功能、使用方法以及组装等视频、图片。这样的工作,不是一般经营者所能完成的,需要专业人士拍摄和制造,成本还是比较高的;其次是介绍文本的撰写和编辑,也不是一般经营者所做的事情,需要和视频合拍,需要和图片结合,并且要做成电脑网页、手机App,不是专业人士是无法完成的。同时,这样的工作量还相当大,每一件商品都要有一个页面,相比实物商品,推介的效果还不一定好。在物流运送方面。首先是需要对商品进行包装,需要包装材料,需要组织包装,增加了包装材料费、人力费;其次是需要对商品进行多次分装分运,同样增加人工和运费等。产生的物流费用,大件商品通常由经销商承担,但小件商品如书本等,就由购买者负责了。不管是经销商还是购买者负责运费,都无形增加了费用支出。

3. **存在过度宣传的问题。**网络销售,经营者不仅在价格方面做足了文章,在推介宣传方面也会"绞尽脑汁",其宣传指导思想就是力求使产品完美,这就难免导致夸大宣传的问题。从形成的影响来讲,短时间内是误导了消费者，但从长远角度看，也是在误导经营者自己。具体地说，一是带来退货的烦琐手续。二是客服的"官司"不好打。有不少客服，和其沟通还是比较困难的，其会反复"亲"你，让你理解，让你不退货，并通过各种办法让你给"好评"。三是打击了消费者积极性。这几年，网络销售已经没有那么"火爆"了，其中有一个重要原因就是质量保证问题，网上的视频、图片展示非常好，看到实物后是"大相径庭"，令人"大跌眼镜"。

（三）网络销售带来的影响

网络销售不仅拓展了商品销售覆盖面、突破了传统经营模式、推动了制造业升级发展，更主要的是转变了人们的思想观念改变了人的生活方式。

1. 什么都在"互联网+"。"互联网+"首先从网店开始，而后影响到了工业、农业、金融、通信、交通、医疗、教育、政务等领域，几乎每一个领域都在"互联网+"，并谓之进入"互联网时代"。所有这些变革，是史无前例的，不仅推动制造业向工业 4.0 发展，还将出现更具现代意义的智慧农业、智慧金融、智慧交通、智慧医疗、智慧教育等，未来人类生活中的各个领域将可能进入智能化时代。

2. 什么都用"互联网+"。销售商品，在电商等销售网站上注册，进行网络销售。给学生做辅导，在网上创建远程教育平台，实施网上学习辅导。开宾馆饭店，建立网上服务平台，实施网上预订预约。开设医疗机构，网上设立服务窗口，第一时间进行就诊咨询，网上设立辅导医生。为方便群众，服务社会，政府部门资源共享，"让信息多跑路，让群众少跑腿"，实现网上办理和常规办理相结合等。

3. 什么都离不开"互联网+"。从日常生活开始，上街购物，现金支付少了，用微信、支付宝才方便。学生家庭作业，不是印在书本上的作业，也不是发的纸质讲义作业，而是发送到QQ或微信的电子版题目，需要家长打印作业。出行旅游，购买汽车票、火车票、飞机票等，网上购买更方便，能"抢到票"。家人身体不适，描述症状网上查询，网上服务医生迅速做出响应回答。生气不开心，找个人诉苦聊天，微信摇摇，有认识和不认识的朋友，可以解闷消愁。

二、未来销售模式发展趋向

未来的商品销售，可以肯定地说，尽管现在的网络销售势头"很猛"，然而最终不可能完全替代实体店。当然网络销售模式在推动着实体店变革是事实，并且变革后的实体店也在反向影响着网络销售。

（一）不同商品需要不同的销售模式

产品是在网上销售还是在实体店销售，或是线上线下同步销售，其决定权在销售商，当然影响决定的关键还是客户的购买选择。

1. 不同的商品特性决定了不同的销售模式。有些特色商品在本地显现不出特色，但是被销售到远方时，就能体现出其特色，比如手工艺品、特色农产品等；有些商品属于大众化商品，全国各地都能买到，比如日常用品，如果仍然选择网上销售，销售量将无法提高，就不能产生更多的销售利润；有些商品生产量并不大，地区内已经供不应求，就无须再销售到地区外了；有些商品受储存保鲜等限制，不适合长途运输，也只能选择本土销售或近距离销售；有些商品地处偏僻、销量有限，单独运送成本费用高，还不如在当地购买便宜，这样的商品只能走批量线下销售；有些商品具有使用价值，但做工粗糙、款式单一，优势在于价格低廉，往往选择在网上销售。

2.客户的购买习惯影响商品的销售模式。不同的人有不同的购买习惯，而且其习惯还具有动态性、随机性、从众性等特性。从性别上来讲，女士喜欢逛街、购物、网购，尤其是购买服装、化妆品、首饰、零食等，男士则比较"冷静"，逛街购物并不那么强烈，网购热情远不如女士。从年龄上来讲，一些老年人还不习惯网购，所以老年人购物还基本在实体店。部分中年人已接触网购，也具有购买力，购买的主要是实用型的商品。年轻人则不同，比较依赖网购，能够在网上买的都在网上买，其不仅仅是为图方便，也是为了心理上的满足。从生活环境来讲，生活在城里的比生活在农村里的人更喜欢网购，生活条件好的比生活条件相对差的人更喜欢网购，生活文化环境好的比文化环境相对差的人更喜欢网购。从不同职业来讲，脑力劳动比体力劳动的人更喜欢网购，室内工作比户外工作的人更喜欢网购，工作轻松的人比工作繁忙的人更喜欢网购。

3.能否获得较高的利润是决定销售模式的根本。经营提倡服务第一，但是也需要经济效益，争取到更多的利益回报。商品销售，运营成本低，收益才能相对高。分析实体店销售，运营成本主要包括店铺租金、店员工资、商品储运、商品耗损等，各项累计下来，费用是比较高的。分析网店经营，投入也比较大，其费用包括销售平台扣点、工人工资、商品储存、商品宣传、商品包装、商品物流、商品耗损等，各项累计起来和实体店相比，投入也特别的大，甚至大于实体店投入。网络销售，从某种角度上讲，和实体店比的是销量。实体店销售利润相对大，但销售量要小。网络销售利润相对小，但销售量可能比较大，薄利多销经营体现得更为明显。

4.商品销售模式取决于能否快速地占有市场。扩大市场占有率，是总经销商的经营策略，也是厂家需要考虑的问题，其目的是通过短时间的营销，让产品迅速打入更多、更大的市场，一方面是迅速提高产品销量，另一方面也是为后续产品销售打下基础，也就是让市场认可该系列产品，为后续经营铺垫。比如，我们会碰到有些产品，在生产地购买比较贵，而去异地购买反而便宜，其原因就是通过价格竞争的办法抢占市场。从经销商角度去分析，就要看商品是属于哪一类、拥有量有多大、商品属性情况等，再针对客户群体情况，综合分析出商品是应该在网上分销还是在线下分销。从生产厂家角度去分析，就要看生产理念、生产能力、生产发展方向等，确立未来的销售策略。

商品购买习惯和厂家销售一览表

产品选择和采购		购买途径选择			生产销售选择		
		实体店	网店	厂家	厂家生产	实体店	网店
喜欢的产品	个性化产品	（预订购买少）		定制生产	定制+销售		
	满意的款式	不分线上线下			多款生产	首选	首选
	质量比较好				保证质量	选择	选择
合适的价格	价格优先	价格低优先			同款多品质	合格优先	低价优先
	品质优先	品质好优先					
方便采购	日常用品	根据购买习惯				首选	（经营利润小）
	大件产品	实体店购买多			保质保价	首选	（需要体验店）
	小件产品		网上购买多			（销量不大）	首选
	特色产品					（销售量小）	首选
	送达产品						选择
其他产品	特殊产品	不分线上线下		厂家确定	（由厂家确定在实体店或网店销售）		
	价低质优					首选	首选
	新产品					首选	首选

（二）销售模式将得到相互促进优化

线上销售，带给人们最直接的是商品品种多，可选择余地大；价格筛选方便，能够快速秒杀；有强大的物流支撑，可送货到家等。其不足的地方刚好是线下销售的优势，客户对商品的了解只能通过视频图片，其效果无法和实物相比；购买商品无法精挑细选，更换退货较为复杂；虽然有物流支撑，但是存在时间差，不如商店立购立取等。线上线下销售，各自存在的优点和缺点，也必将得到避免和克服，促进线上线下销售融合发展。

1. 线下销售将增加线上销售元素。目的是借鉴线上销售好的做法，方便消费者购物。一是商城店铺将在网上搭建销售平台，方便消费者通过手机电脑等媒介，直接在网上选购当地店铺商城推出的商品，如同现在的大润发超市推出的"大润发优鲜"一样，消费者可直接网购，非常方便快捷。二是店铺销售商将根据客户要求安排送货上门服务。三是地区内和附近地区的销售实体达成经营联盟，为方便消费者购物提供更多的选择余地，缩短线下销售和网络销售之间的距离。

2. 网络销售在线下会增加更多服务。线上销售存在的诸多不足，未来一定也会得到解决和避免。一是体验店必将成为网络销售不可缺少的前沿阵地。一方面提供更多的实物，方便消费者体验和直接选购；另一方面提供商品深度展示。如通过3D视频展示，给购物者提供更直观的视角效果和真实感；再一方面就是远程提供实物视频展示服务，方便消费者远程挑选。二是设立调换退货处。目的是处理调换退货事宜，甚至是上门退货调换，方便消费者调换退货，解除消费者退货困扰。三是网购商品代收点会得到规范设置。网购商品无处代收存放是目前的一个重要问题。

3. 线上线下竞争将促进两者无限靠近。从店铺竞争、商品竞争，再到线下线上竞争，在不断地推动着销售行业的发展，也使两者服务方式和项目无限靠近。一是价格趋于一致。同类产品，线上线下价格应当一致，线下价格不能比线上价格高。二是质量趋于一致。部分厂家为了策应线上低价销售战略，生产出专门在线上销售的商品。这些商品可能是新型号，也可能是降低了制造成本，但不是解决问题的根本办法，还会影响到厂家形象。三是服务趋于一致。无论是在线上购买还是在线下采购，都可以享受送货上门、即时调整更换等更多的相同服务等。另外，随着线上线下竞争接近，也必将影响到店铺降低租金和网络平台扣点下浮，保证经销商有相应的经济收益，也是在推动线上线下向良性方向发展。

4.线上线下经营发展为智能化销售奠定了基础。未来的商品供应，特别是粮油、蔬菜、肉类、副食品等日常消耗用品，将实现线上智能化配送。比如智能化冰箱，可根据用户需求预设食物存储量，比照出冰箱中食物存储不足部分，并将信息反馈到预约供应商销售平台，预约供应商根据提供的信息，自动补充食物并送货上门。这个智能化销售过程，需要智能化销售平台。现在的传统超市、店铺销售，还没有建立智能化销售平台，网络销售由于距离远要通过物流配送等也存在诸多不便，需要对现在的线上线下销售方式进行完善升级，才能保障未来的智能化销售服务。

（三）个性化生产销售是未来新趋势

个性化生产是个性化需求推动、智能生产保障的，其将缩短生产周期、减少库存积压、压缩生产成本、保证资金回笼等，这是传统的批量生产模式所无法具备的优势。

1.打破了传统的营销方法。传统的经营模式是厂家把商品批发给中间商，中间商再批发给商品零售商，零售商再把商品销售到客户手中。实行个性化生产定制，将跳过中间商和零售商，厂家借助网络和专设平台，直接和客户对接，客户预付订金或托保第三方，在客户收到商品后完成资金结算。首先是剪除了中间环节，如同厂家直销一样，省去中间支出，降低产品售价。其次是更方便客户定制购买，最大限度地满足客户对产品的要求。再次是厂家生产经营更为灵活，生产快、销售快、资金周转快，没有库存的压力，也没有生产风险。

2. 再度改变了人们的购买思维模式。随着智能化工厂智能制造的发展和智能化生产定制的成熟，人们将潜移默化地改变购买思维，逐步适应和选择直接从工厂定制产品。首先是人们将体会到定制产品更多好处。定制产品的出发点，是根据人的生活工作习惯、周围空间环境、个人兴趣爱好等，对所需产品的造型设计、功能配备、材质选取等多方面有特定的要求而生产，其产品将更符合空间范围要求、更能具备特定功能需要、更能满足个人兴趣爱好。其次是定制购买的方式将会带给人们生活新乐趣。网购有一个特点，就是商品到来之前的快乐等待，能给人们快乐，使人在打开邮包的那一刻有一种兴奋感。未来的定制产品，由于购买者直接参加了产品设计，也能够给人带来价值实现的满足感，使用时称心如意的幸福感，并且会推动着人们再度参与商品的设计定制。

3. 推动了更多行业接受新挑战。定制生产必将成为趋势，并逐步形成定制化批量生产，这将影响到诸多领域、行业。首当其冲的是原材料供给方式和物流业。在原材料购买供给方式上，不再是大批量购买、大批量供给的时代，原材料生产之初就已贴了信息标签，加工机器人可识别判读为谁生产、生产什么、何时完成等信息，并通过物流准时送达智能化工厂生产线，保障个性化批量生产。与此同时，物流业面临新机遇，智能化生产需要智能化物流，传统物流需要升级转型，需要向智能化物流发展，才能适应未来物流需要。

三、销售模式变化蕴含商机

销售本身就是最直接的商机。把商品卖到消费者手中，销售方法各不相同。随着互联网发展、智能化生产等出现，促进了销售模式的变化调整。

（一）组建个性生产定制服务机构

实行个性化生产定制，是顺应个性需求而提出的。为保障个性化生产，需要在生产厂家和客户之间架起一道桥梁，建立个性化生产定制服务机构，服务于客户，确立定制需求，帮助厂商完成定制任务。

个性化生产定制服务机构，既是信息互动平台，也是产品销售渠道，创建方法有多种。一是把网店转型成服务机构，借助现有网络销售平台，加强和更多的智能化工厂合作，帮助做好与客户对接服务工作；二是改建工厂销售部门为服务机构，在网上搭建服务平台，做相应宣传工作，加强和客户的对接服务；三是实体店增设服务机构，在网上搭建服务平台，做好工厂和客户两头对接，同时拓展实体店网上销售服务。

个性化生产定制服务机构的组建，一是需要有专业人员。针对计划服务的项目内容，招录相应专业人士，区分商业类别，组成不同专业团队，方便和相应智能化工厂对接，为客户穿针引线。二是需要帮助客户完善定制构想。客户提出的个性化需求，一般比较抽象而且不具体，需要根据客户的意愿拿出具体方案，帮助客户完成定制方案，同时协助厂家完成个性化生产。三是需要搭建网络服务平台。借助互联网，在网上搭建定制服务平台，方便客户和生产厂家对接沟通，完成定制订购。

（二）推动销售行业结成合作联盟

销售行业合作联盟，可以说是大数据时代销售行业发展的必然趋势，也是优化服务的重要保证，是商业进步的重要体现。

1.线上线下一体化。未来的实体店，如果没有特色，完全靠线下销售，生存可能非常困难，如果不打开网上销售通道，可能面对的就是死路。同样，如果没有绝对的产品优势，只在网上进行叫卖，可能也会进入死胡同，同样是死路。未来的销售行业，无论是实体店还是网店，唯有具备线上线下的优点，同时克服各自存在的不足，才能走得长远。线上销售，在线下至少要有体验店。线下销售，在线上也一定要有销售平台。

2.联手打破恶性竞争。有一句老话"同行是冤家"。这句话在某种程度上说明了同行之间存在的相互诋毁、恶性竞争等现象。首先是无法相互信任。以产品价格确定为例，即使开始有共同的价格约定，但是最终双方都会采取迂回办法，间接压低价格来吸引客户。其次是无法建立合作。经营短视，同意合作是表面的，签约合作是纸上的，包括今天有不少集团公司，各加盟企业依然是各自为战，并不能真正联手。这一历史性恶性竞争的难题，可以借助网络平台，提高经营透明度，有望得到解决，有利于每一个经营者和消费者，最终实现合作共赢。

3.联合搭建网上销售平台。地区内商家实现商业联盟，并在网上联合搭建销售平台，具有三层意思：一是增加网络销售功能。取网络销售之长，补线下销售之短，方便消费者网上采购。二是展示地区内商品。通过3D动漫等，把货架搬到消费者眼前，让消费者"身临其境"，浏览内部场景，感受商品丰富程度，便于网上逛街、网上选购。三是实现智能化配送。未来智能家居，具有智能采购功能。如未来的智能冰箱，可以智能调节温度，可以制定建议性食谱，还可以自动采购食品。用户提前选定供应商，冰箱根据食品储存情况，通过网络和销售平台对接，提供缺货信息完成采购。当然，指定的销售平台需要有相应的功能，也就是销售平台需要建立智能配送功能，配合智能家居完成采购，这就是联合销售平台实现智能化配送销售。

（三）全力发展智能物流智能仓储

物流和仓储，应该是未来社会发展的必要条件之一，发达的物流保障了个性化批量生产，智能化仓储保障了物资和商品的临时储存。

1. 智能物流将得到蓬勃发展。未来物流，可以将生产资料化整为零根据生产需要运送到智能化生产线上，将个性商品销售送达到客户手中，既是实现智能制造的重要保证，也是经营商品销售的重要保证。一方面，未来物流必须实现智能化，建智能化物流公司，实行智能接单、智能配载、智能输送，把复杂的工作交给智能配载系统完成，保证投放无误、配载准确、运输安全。另一方面，把快递小哥"最后一公里"的派送任务由智能化运输工具完成，也就是成立由智能化运输工具组成的派送队伍，精准投送网购商品和邮件等，降低物流成本。

2. 智能化存储仓库将会出现。在商业体系中，传统的仓库用于储存生产原材料、待批发产品、待销售商品、待中转物资等，随着未来个性生产服务的推进，仓库资源将得到重新整合，并向智能化方向发展。从生产资料供应商来讲，不需要再加工过多原材料存放在仓库中，只需按订单生产供给。从生产厂家来讲，也不需要用更大的仓库存放原材料和产品，产品生产完后直接发送给客户。从商城超市来讲，增加送货到家服务之后，通用商品也无须全部搬进商城，可存放在具有配送功能的第三方仓库，由第三方仓库完成配送任务。从物流行业发展来讲，建设智能化仓库一定是必需的，便于临时存放商品物资。未来智能化仓库，建设重点是临时存放和智能分发，并不是简单的存放，智能分发才是主要工作。

第九章

人才培养领域的商机

学习是社会进步的希望。所有人都应当是教育培养的重点，特别是青少年的教育培养。教育培养工作，不仅学校和家庭要特别重视，全社会也都要关注。教育工作要摒弃单方面强调升学率、考名校，要把教育着力点放在培养更多的人才上，因为社会进步、国家发展、民族振兴需要全社会的力量，需要全社会所有人的共同努力。

一、未来人才培养领域的发展

为发展教育事业，国家教育部门一直在努力，并先后组织了数次教改，特别是新一轮教改出台的《新课程标准》，淘汰了我国沿用已久的《教学大纲》，迈出了"应试教育"向"素质教育"转变的坚实步伐。但是，通过教育实践的情况来看，预期目的远远没有达到，"应试教育"的压力依然存在，需要有更大决心和胆识去彻底扭转，并要解决好"学有所用"的问题，打破"学得太多、考得太多、用得太少"的格局。

(一)教育变革会有颠覆性的变化

从人的成长来看,可以大致分成三个阶段:初级阶段,掌握文化知识,懂得为人处世,知道遵纪守法,完成向成人的转变;高级阶段,掌握相应技能,学得更多知识,完成向成才的转变,为走上社会做好准备;深造阶段,在成人成才的基础之上,立足工作岗位,进入高等学府深造,通过工作实践和院校学习不断锤炼,逐步实现向高端人才、领军人才跨越。这三个阶段,不是一蹴而就,而是循序渐进,没有捷径,不可速成。

1.学生成人教育将会突显出来。未来的小学和初中,教学重点应该是完成思想上的向成人转变,提高思想认识,主要是学文化、学做人和强体魄,同时了解学习其他学科知识,为进一步学习打基础。(1)教育办学实现无差别化。一是统筹规划。教育部门根据社区、小区和人员居住分布情况,优化校区建设,统一规划布局,方便就近上学。二是教学资源统筹配置。根据教学需要,硬件、软件资源设施统一划分,贫困地区学校优先考虑。三是师资力量统一调配。教师是教学实施的主体,事关教学质量高低。一方面统筹考虑教师分配问题,尽量保持各个学校师资力量平衡。再一方面教师工资待遇要尽量保持一致,包括奖励办法也要保持地区内一致。(2)学习内容突出以成人为目标的思想教育。围绕学文化、学做人、强体魄和会生活,重点是安排传统文化知识的学习,完成人格品德教育,掌握传统文化知识,教会为人处世道理,强化爱国奉献精神,加强亲情、友情和爱情方面的情感教育和引导;其次是安排自然科学、人文历史等知识的学习,包括数学、物理、化学、生物以及天文、地理、历史等,为后续学习打基础;再次是安排强健体魄和陶冶情操方面的学习,包括体育锻炼以及音乐、美术等艺术类知识的学习，保证学生身心健康。（3）减轻教师教学和学生学习的负担。坚持《新课程标准》，坚持以书为根本。一是老师以完成教学任务、学生以掌握书本知识为根本，教学不超出课程标准范围，不加大教学和学习难度，把老师和学生从超负荷的教学和学习中解放出来，使老师能够轻松愉快地教学、学生愉快地学习。二是考试以检验学生学习情况为目的，掌握了所学知识可以升级，否则安排留级复读，克服义务教育变成机械的完成任务，避免"不管成绩好坏到时间就升级"的问题。三是"因材施教"得到正确理解和运用，不再设立重点班、强化班、快班等，领悟快的学生"不加量"，领悟慢的学生"不降格"，灵活运用不同的教学方法，力求所有学生都能完成学习任务，掌握到所学知识。

2. 人才需求牵引撬动教育改革。打一个不太确切的比喻，工厂需要生产出适销对路的产品才能有市场。人才培养也如同工厂生产一样，需要培养出社会最需要的人才，这种教育布局才是成功的。（1）人才需求矛盾已经引起重视。目前走上社会参加工作的主要为四类不同文凭的学生：中学毕业的普高职高学生和大学毕业的专科生、本科生、研究生。从用人单位角度去分析，存在两大矛盾：一个是结构性矛盾突出，专业人才和岗位需求不匹配；再一个就是动手能力差别较大，企业往往更喜欢职业高中生和专科毕业生。高中阶段设立职高的指导思想没有错，但是职高学校氛围不利于学生进一步深造学习，高等院校面向职高学生招录的大门没有完全打开，可供选择的专业比较少。本科毕业生分研究型、应用型和技能型人才，研究型人才参加深造学习，技能型人才直接进入企业，而应用型人才就变得比较尴尬，需要通过考试才能入职。人才需求的矛盾问题，国家教育部已经重视到，并在《新课程标准》中有所体现，指出中学课程要为当地社会经济发展服务，也就是说中学开设专业课程是有必要的。（2）就业录用考试促进教育改革。单位用人自主，事业单位"逢进必考"，企业招人需要试用。公务员和进事业编考试，一个专科生经过充分的应试准备，完全可以考上公务员或进事业编。而一个本科生或研究生如果没有经过充分准备，未必能通过考核。这并不是高文凭低能，而是考试的侧重点在于实际运用。从机关事业单位的工作岗位看，一般性的不是专业性特别强的岗位，大学安排的学科，能够直接运用的并不太多。企业招录人员，需要经过试用期，文凭只是代表一个方面，没有工作能力通常会被淘汰。从企业工作岗位来看，更注重实际操作运用，能够完成工作任务的就是好的。大学安排的学科知识，能够直接运用于实践还有较大差距。大学生就业还有一个问题，由于结构性矛盾导致专业不对口带有一定的普通性，更造成所学知识变成无用知识。这些问题的存在，学生家长和学生本人，在填报志愿时关注度将会越来越高，也势必倒逼教育布局要作出调整改革。

（3）教育改革的势头是挡不住的。滚滚洪流，势不可挡。为顺应社会建设发展，全国已经有相当多的院校，进行了教学战略调整，推出校企合作、订单培养等一系列变革，更直接地为用人单位培养输送人才。这样科学合理的变革，还会持续发展并深化。在这样的变革大潮中，会有许多问题被推到人们面前：人才培养如何和社会潜在的岗位需求切合？不同的岗位如何分类并合理安排学科去培养相应人才？普通高中、职业高中、专科院校、以前的三本二本院校是不是融合为人才培养大平台？一本院校和知名的二本院校是不是升格并担负更重要的人才培养使命等？这一系列问题，都将围绕培养社会所必需的人才，而且不浪费教育资源，不浪费人一生的宝贵时间，不做无用之教，不做无用之学，通过教育改革来给出具体的回答。

（二）终身学习会得到全社会响应

庄子说"吾生也有涯，而知也无涯"。学生时代是短暂的，时间是有限的，所掌握的知识是远远不够的，需要不断学习、终身投入学习，也就是孔子说的"学而不已，阖棺而止"。

1.终身学习是中华民族复兴的需要。一是文化复兴才是民族复兴之根本。"中国梦"的基本内涵是实现国家富强、民族振兴、人民幸福，通过经济手段，国家可以富强，人民可以富有，但是民族的振兴更需要文化振兴。文化是民族的灵魂。中华民族延续至今，关键是中华文化具有强大的生命力。二是只有知识才能奠定民族复兴的基础。学习影响着一个国家的发展。面对科技进步日新月异、知识更新不断加快、国际形势不断变化，新情况新问题层出不穷，只有不断学习才能跟上时代步伐。应当把学习作为一种生活态度、责任要求和精神追求，加强对理论、文化、专业的学习，树立终身学习的理念，不断提高综合素质，增强创新能力。三是终身学习必将推出有效的方法措施。首先是打开学习方便之门。如同中宣部搭建的"学习强国"平台，教育部门应当借助网络技术搭建教育网站、学习平台，采取喜闻乐见的形式，推出学习视频、图片和文字，为建设学习型社会提供保障。其次是推动学习优秀文化。工会和社区要牵头，以丰富业余文化为抓手，成立各种团队兴趣小组，学习并传承传统文化，宣传先进文化，夯实"文化自信"的基础。再次是鼓励立足岗位学习。把岗位学习和现实利益结合起来，包括成长进步、经济奖励等，努力调动学习积极性。

2.终身学习是适应时代发展的需要。在网络化、信息化时代，知识更新迅捷，唯有不断学习，才能跟上时代步伐，才能适应工作需要。一是不断学习才能提高解决问题的能力。发现问题是水平，解决问题是能力。在平时的日常工作中，常常会遇到各种各样的矛盾问题，需要通过分析研究去逐个解决，向工作实践学习，总结形成系统的解决问题的方法，有利于增强解决问题的能力。通过有针对性地学习新的业务知识和业务技能，不断提高自身业务能力水平，才能解决好工作中遇到的新问题和新矛盾。二是不断学习才能激发出创新的火花。一个单位的整体建设发展，某项工作的具体推动促进，离不开创新，创新源自不断学习。三是不断学习才能走向更高层次。一个人的层次，一个团队的力量，靠的是知识支撑。第一，向书本学习。书本具有系统性，提供系统知识，不仅阐述知识的由来，同时展望领域的未来，给人系统思维，提供系统知识，有利于系统分析问题，有利于系统布局考虑，有利于系统贯彻推行。第二，向能人学习。"闻道有先后，术业有专攻""听君一席话，胜读十年书"，多听名家讲座，多和专家交流，能够少走弯路。第三，向社会学习。"读万卷书不如行万里路"，走进社会，走进实际，走进工作，听取群众的意见，聚集众人的智慧。"学而不思则罔，思而不学则殆"，结合实际，加强思考，长期坚持。

3. 终身学习是丰富精神生活的需要。如今物质生活丰富了，虽然应该具有很大的幸福感，但细细品味总有许多不畅，甚至烦恼、忧愁和精神空虚。这其实是精神生活匮乏。一是需要提振精神。人的快乐发自内心，源自认知，正确认识客观世界、人类社会和人生真谛，是调整心态、克制自我、欢快内心的根本前提。知道世界是怎么一回事就会少了困惑，知道人与人相处并去践行的道理就消除了很多烦恼，知道不能有贪恋之心并且要付出才能受到更多人的尊重，需要去看破、看透、看明白。这些需要认识的道理，蕴含在书本中，蕴含在生活中，蕴含在实践中，需要长期了解学习，并且要不断努力实践，变成潜意识的自觉行动，才能达到"一箪食，一瓢饮"而"不改其乐"的境界。二是需要丰富生活。人从一出生开始，就希望了解这个世界，并也在用一辈子去探索，这个探索的过程就是学习，只是不同的人探索的深浅和宽窄不同，也就是学习的深度和广度有区别。同时，人从一出生开始，也喜欢戏耍玩乐，在戏耍玩乐中了解这个世界，在认识这个世界的同时戏耍玩乐，不喜欢一成不变的单调生活。人们喜欢唱歌跳舞、喜欢表演弹奏、喜欢爬山旅游、喜欢跑步打球、喜欢书法绘画、喜欢聊天交友、喜欢诗词歌赋、喜欢发明创造等，这些乐趣的建立是和学习分不开的，通过学习获得不同学科的奥秘，通过品味奥秘获得更多乐趣，在学习中丰富生活，在生活中增进学习。三是需要提升素养。人的德行素养高低，是受别人尊重的本钱。拥有较高的德行，别人愿意靠近你。拥有广博的知识，别人会崇拜你，并愿意以你为师向你学习。

（三）网络教学将成为大趋势

5G网络时代的到来，为办网络学校实行网络化教学提供了技术支撑，解决了远程异地教学的问题，共享更多优质教学资源，推动教育事业向更高阶段发展。

1.满足学生辅导需要。以基础教育为主体，突出初中和高中学生，着眼中考和高考，借助网络平台，实行网上视频补习辅导，有效解决学生辅导遇到的诸多问题。（1）解决家庭无力辅导问题。（2）抑制老师从事辅导挣钱现状。（3）网上辅导更加方便快捷。

2.方便敞开教育大门。通过办网络学校，敞开高等学府大门，敞开重点名校大门，为外国留学生敞开留学之门，打开学校大门，才能培养更多的人才。

3.提供终身学习的服务。其可分成服务于工作和生活两大类，在网上提供相应学习辅导。第一类服务于工作。为政府部门、企事业单位工作人员提供业务知识、专业技能等方面的网上学习辅导，比如为新上岗人员提供基础业务学习辅导，再如推出新政策新规定的具体执行操作方面的学习辅导等，在实用性上求深、求细、求具体，不断为工作人员提高业务技能服务。第二类服务于生活。为广大工作人员、退休人员提供琴棋书画说唱舞演等艺术类、跑跳投掷球剑操武等健身类、蒸煮烧烤煎烹炒炸等厨艺类，以及其他各种门类的网上学习辅导，陶冶情操，锻炼身体，增加兴趣，丰富生活。另外，在网上提供学习辅导的基础之上，采取会员制等办法，分地区成立各种兴趣活动小组，会同街道、社区、工会等一起，组织开展具有娱乐、学习、交流、会演、展览等形式多样的活动，进一步推动丰富广大民众的业余生活。

二、加快人才培养需要合力

教育是国家的事情，也是全社会的事情。发展教育事业，传承中华文化，推动高质量发展，促进社会建设，应该是最大的商机之一，可贡献教育，可实现价值，也可创造财富。

（一）推动孩子教育启蒙

孩子的启蒙教育，是孩子成长的基础和前提，其意义已经被更多的家长所认可，特别是年轻一代的父母，对启蒙教育认识更高，也在不断寻找启蒙教育方法和相关培训的教育机构。

1.家庭成员需要培训。孩子的启蒙，离不开家庭，家庭是孩子成长的土壤、基石和平台。做好孩子的教育工作，是每一个家庭成员应当共同承担的责任，特别是父母，要和孩子一起成长，需要懂得更多，需要做出榜样，需要言传身教。家庭熏陶包括三个组成部分：一是通过家庭环境进行熏陶。需要知道什么样的家庭环境才是好环境，需要知道什么样的家庭陈设才能激发影响人，需要知道家庭成员在孩子面前应当如何友好相处等。这些最基本的家庭要求，但并不是人人都知道的，更不是每一个家庭都能做到的。二是通过好的言行进行熏陶。几乎所有家庭都望子成龙，而且也为之不懈地努力，但是最后的结果差距非常大。其中有一个重要原因，就是很多父母并不注意自己的言行，不纠正自己存在的问题，更不善于自我克制，只会一味地训斥，要求孩子听话、好好读书等，忽视了自己平时的言行对孩子造成的巨大的影响。三是通过互动交流进行熏陶。父母是孩子的第一任老师。作为老师就需要学会和孩子交流互动，尽量让孩子不要形成太大的逆反心理。经常和孩子讨论问题，掌握如何在智力开发上、知识传授上、良好情趣培养上下功夫。注意互动交流方法的探讨和学习，增强教育引导能力。

2. 启蒙教育需要规范。社会上各种启蒙教育机构非常多，各有高招，也各有歪招，能不能起到启蒙作用未知。启蒙教育，应当从人之本性入手，在心性、习性和趣味上求突破。应当用好中华文化智慧，进行深入破解和适度培育。在心性养成方面，其直接关系到人的本心，善良的人才会尊重善道、心存善念、多行善举，才会有宏大的想法和成就宏业的可能。在习性培养方面，好的习惯是做成事情、成就事业的重要保证。太多恶习、陋习之人，没有精力顾及正事，没有心事投入正事，没有人追随。在趣味建立方面，力求建立爱读书、广交友、好运动等兴趣爱好。启蒙教育需要探索得非常多，需要更多的启蒙教育人去思考求索。

3. 开发玩具意义重大。孩子的启蒙成长，离不开玩具和有意义的游戏，这就对玩具的制造和游戏的设计提出了更高的要求。玩具制造和游戏设计，不仅要具有浓厚的趣味性，同时要融入促进孩子成长元素，让孩子在玩耍的不经意间开发智力、接受教育、增长知识、培养兴趣。玩具的制造和游戏的设计，相关厂家、教育机构等做了大量的研发工作，并生产出了很多有意义的游艺玩具，但其仍有很大发展空间，结合孩子的性别、年龄和发育成长等情况，综合考虑开发智力、接受教育、增长知识、培养兴趣等因素，在模糊接触、单项游戏、综合游艺等方面可作深入探索研究。比如，不同年龄段的孩子如何启蒙的问题，要分析不同年龄段的孩子具有什么特点，可以启蒙什么，可以生产什么玩具，如何结合玩具和孩子互动等。比如，传统文化如何融入游艺活动的问题，要理出哪些传统文化知识适合熏陶孩子，传统文化知识如何结合到游戏中，要研发生产出什么样的系列玩具等。再比如，如何把科普知识融入孩子平时的娱乐活动之中的问题，需要分析哪些科普知识孩子会感兴趣，需要考虑哪些科普知识能够激发和培养孩子的相应智力和爱好等，为孩子的未来教育作一个铺垫。

孩子的娱乐游戏也应当慎重，在着力开发智力、增长知识、培养兴趣的基础之上，不能形成"沉迷游戏""玩物丧志"局面，如同目前部分电脑游戏，让孩子从一个极端走向另一个极端，不能好好学习，不能好好工作，不能健康生活，游戏之毒甚至波及至成年后，使许许多多成年人沉迷其中不能自拔，带来了不良后果。

（二）推行网络辅导学习

需要明确的是，学生的基本学习，学校老师应该承担起来，课外辅导只是补充。随着网络技术的不断发展，远程视频将无障碍，远程辅导如同现场教学，有助于达到提高辅导质量的目的。

1.坚持课本知识为学习辅导重点。推行网络辅导，最大的优势之一，就是不受场地限制，不受时间限制，随时随地都可以进行辅导。坚持以课本内容为辅导重点，方便中小学生补习，需要把握的关键是辅导人员资格的认证、坚持"一对一"辅导和问题辅导的及时性。在辅导人员认证方面，由于辅导内容以教学课本为重点，需要辅导的知识相对单一，辅导人员也就不一定要求是专职老师，大学毕业或同等学历毕业或相应专科毕业的人员通过认证以后，都可以参加业余辅导大军行列，其挑选的余地非常大。在坚持"一对一"辅导方面，学生学习所面对的问题都是个性问题，必须要遵循"具体问题具体解决"，借助庞大的辅导团队，采取"一对一"辅导办法，有效地解决学生学习中所遇到的各种问题。在辅导的及时性方面，同样是借助庞大的辅导团队，用好辅导人员碎片化时间，如同外卖抢单一样，由学生提出相应问题，辅导人员看问题"抢单"辅导，让学生不受任何限制，随时可以提出问题解决问题，更加方便学习。

2.科学组织学科体系知识的补习。"一对一"辅导是解决个性化问题，学科体系知识的补习是解决学科跛腿学习短板的问题。学科跛腿、学习短板是许多学生会遇到的一个重大问题，解决不好将影响到后续知识的学习，影响到升学考试。通过网上推行系统补习学习，将会有效解决学习跛腿短板问题。当然，在网上推行知识体系补习，需要符合学生学习规律，和学生学习要求吻合，不能影响学生日常学习等，这就需要在系统补习、名师教学、自主听课三方面做文章。在系统补习方面，需要考虑的是补习，而不是正常教学，既不能按部就班像老师上课那样有条不紊，也不能只选择几个重点讲授草草了事，需要把握补习知识的系统性和连续性，同时还要突出知识重点和难点，研究出"用最短的时间，补出最大效果"的具体的系统的做法。在名师教学方面，坚持名师教学而不迷信名师，加强对体系学科的教学研究，找出学生不易接受、难以理解的重点难点，针对性地找出具体的有效的教学方法，增强系统补习的针对性和有效性。在组织系统教学研究的同时，适当着眼于推动教育事业的发展，为学校教育领域送上启示，为教育事业贡献力量。在自主听课方面，解决问题最好的办法就是制作教学录像，让学生自由选择时间收看回放教学片，解决电台教学、电视教学时间的固定性、学习内容不能回放等问题。另外，为增强补习更具针对性和有效性，广泛吸纳学生的需求、愿望和意见，务本于学生之需，道生于学生之需。

3. 弥补艺术类人才培养辅导的短板。艺术类人才的培养，孩子的艺术素养培育，应该说一直是教育的短板。随着素质教育的呼声越来越高，现在的中小学也开始重视起来，但是高中学校还是存在差距的，音乐课、美术课包括体育课被边缘化的现象是存在的。这不仅剥夺了孩子的艺术志趣，同时也斩断了艺术类人才的培养途径。这个世界不能没有音乐，也不能没有美术。仅靠幼儿园建立的脆弱基础，从师于某个艺人学得一星半点，或凭个人兴趣自学，对于艺术类知识的教育学习，是远远不够的。艺术类知识的学习和相应人才的培养问题，通过网上开展艺术类知识学习和系统培训，包括歌曲戏剧、器乐演奏、书法美术、舞蹈表演等，把散落在全国各地艺术类人才苗子，集中在网上进行辅导培训，有利于解决艺术类人才培养问题，同时也为广大艺术爱好者学习提供较好的平台，其现实意义应该是非常大的。

（三）院校兴办网络大学

网络大学，听起来有点像电大，好像牌子不硬。但是，如果网络大学结业课目和毕业课目考试，和名牌大学在校大学生用同一张试卷，其毕业证书应该具有相应含金量,是不是可以缓减考大学竞争激烈和名牌大学不多的矛盾?是不是可以通过大学"宽进严出"的办法去诊治基础教育"应试教育"的问题?各大名校,借助网络,兴建网络大学,可有以下三大益处。

1.高中毕业生可选择读网络名校。名牌重点大学,可依托现有师资力量,兴办网络大学,招录更多的网上就读大学生,和在校大学生一样,实行六同:专业相同、课程相同、教材相同、教授相同、考试相同、文凭相同。在教学安排上,网络大学生和在校大学生一样对待,专业课程设置相同,使用一样的教材,通过网络视频和在校大学生同步听课。同时,将教授讲课制作成录像,更加方便网络大学生合理安排时间学习,回放教授讲课重点。在考试安排上,和在校大学生同步,用同样的试卷,由就读大学统一组织实施,网络大学生提前到指定地点参加考试,所有课程考试合格发放完全相同的毕业证书,不分在校大学生和网络大学生,毕业证书不加任何标注。在就业安排上,网络大学生毕业后,可去大学校园,和在校大学生一起参加校园招聘。用人单位可根据各自的用人需求,按同条件挑选同等录用。

2.可以满足更多的人圆大学梦。社会各类人员,无须任何条件,交纳适当费用,都可申请就读网络大学,自由选择专业和学科,以增加知识为第一目的,聆听专家教授讲课。有意向获得相应文凭的人员,经审批后和网络大学生同步,一起参加相应考试和论文答辩,所有学科均达到毕业要求,发放一样的毕业证书。网络大学向全社会开放,一是让没有考上大学的人圆大学梦,传播知识,增强信心,贡献社会;二是补救高考志愿选择专业错误,重新选择适合自己的专业,进行补习学习;三是满足专业不对口的工作需要,学习工作需要的专业知识,提高贡献社会的综合能力;四是满足终身学习的需要,保持和培养更多的人终身学习的习惯,让更多喜欢学习的人能够不断学习。

3. 网络大学有利于传播中华文化。外国人希望到中国留学的同样非常多，包括年轻的华侨想回国学习汉语。但是，受到各种条件限制，包括费用高、距离远、受工作影响等，不能到中国留学。如果申报就读中国网络大学，很多问题将会迎刃而解，学习费用会大幅降低，就读学习可不受时间限制，方便外国学生无障碍就读，有利于传播中华优秀文化，有助于推动人类命运共同体向深远发展。

（四）创办各类人才培训机构

目前，创业培训、小微企业、新型行业等需要的各类人才培训机构犹如雨后春笋，全国累计达数百万家，为社会发展发挥着不可取代的作用。但是，培训机构在培训实践中，也显露出了诸多问题。随着时代的进步，未来的培训机构将呈现如下变化。

1. 向基地化发展。有实力的培训机构，必然会努力拓展自我，向基地化路子发展。一是革新培训理念，提升培训层次。以服务社会培养人才为己任，走出唯经济效益牵引的格局，主动担当社会责任，着眼培训顶级技术人才，把培训基地建设成如同职业技术院校，不断提高培训质量，不断拓展培训面，努力培育更多人才。二是充实师资力量，增强培训能力。让培训机构能够具备培养更多专业技能人才的能力，并保证培训质量。这是企业生存之根本，需要更多的高素质技能培训老师，满足培养各种类型人才的需要。三是加强硬件建设，提供训练保障。技能人才的培养，操作能力为关键，需要足够装备、模拟训练器材和相应场地做后盾，加强实际操作应用训练，保证参训人员有足够的练习时间。

2. 向集团化迈进。培训机构的建设，需要投入大量人力、物力和财力，发展到相应规模要有一个过程。为提高生存能力，发挥好作用，需要和关联行业合作，走联盟集团的路子。一是加强同行业之间的联盟，发挥各自的优势，实行资源共享，增强联盟整体培训能力，提高培训质量。二是和院校之间达成联盟，借助院校师资力量，拓展个性化培养的需求，特别是新型行业方面的人才培养，满足社会小批量培训。三是和企业结成联盟，把培训机构建进企业，实现企学一体化，满足企业生产的需要。同时，借助企业技术力量和设施设备，满足培训需要。

3. 走多样化的路子。培训机构和技术院校的主要区别，就是强调培训周期短、批次多、速度快，让参训人员在最短的时间内掌握相应的技能。这一特点和优势，在未来的建设发展过程中，仍然应当发挥好。一是在培训专业上有更多突破，满足个性需要。社会大势推动各个行业向信息化、智能化等方向发展，培训机构需要审时度势，把握时代脉路，加强差异化培训，弥补个性化人才需求的短板，充分体现出培训机构存在的价值。二是借助网络等现代科技手段，努力实现远程网络化培训。实现远程网络教学，可以远程学习专业理论知识，也可远程教授操作技能和远程建设训练基地实现操作训练，节省参培人员和培训机构的经费支出，方便人员参加培训和培训的组织实施。三是顺应"一带一路"建设大势，力求培训范围向国际拓展。培训机构同步中国企业一同走向世界，为世界经济建设培养人才，发挥好中国人的智慧和担当的作用。

（五）打造终身学习平台

了解新事物，学习新知识，是人类求知的固有特征。推行全社会学习，是为贯彻"加快建设学习型社会，大力提高国民素质"的要求，同时也是为满足人们探新的愿望。为使学习型社会建设更有价值，并能持续推进，着力点应该放在应需、应趣和应急上。

1. 着眼工作之需搭建学习平台。学为所用、学有所长，学习才会有价值。因为所学知识解决了问题、推动了工作，才能体会到学习的真正乐趣，也才能推动学习深入下去。因工作之需搭建学习平台，首先是要进行科学分类。让不同工作岗位的人，能够在相应的领域中，找到适合自己需要的学习内容，提升工作能力。比如，按单位性质不同分政府机关、事业单位和不同企业等，让不同层面的工作人员学习相应的业务知识；按学习内容分法律法规、政策规定、制度要求等各类资料，方便查询检索；还可按理论知识和操作技能等进行分类，方便更多的人员工作的需要。其次是联合多方力量共同搭建。不同的工作岗位具有不同的工作特点，所谓隔行如隔山。搭建工作类学习平台，目的在于为不同岗位提供相应知识支撑。这就需要相应领域和机构的支持，联手联合共同搭建相应学习平台，提供更具实用性、前瞻性和操作性的各类学习知识。再次是需要借力各方力量。学习平台内容的提供、学习引导、组织方法等，需要借力院校教授、借力行业人士、借力专业能手等，让不同行业的顶级人才直接参与平台建设，为不同领域提供强大的学习保障。

2. 满足生活娱乐之需搭建学习平台。追求高质量的生活是人类的动力源，其主要包括物质生活、精神生活及健康保健。在物质生活方面，包括生活起居，如院落环境布置、家庭陈设摆放、家用器具购置等；包括饮食餐饮，如烹饪技术、面点制作、营养饮食等；还包括日常生活常识如婚丧礼仪、大事操办、贺礼贺词等。这些知识的学习，对于一般生活来讲未必需要，但是随着生活水平的提高，人们将不再局限在温饱的解决上，会希望通过学习了解更多。在精神生活方面，这更是人在富裕的物质生活下的高层次追求，希望通过音乐的学习、器乐的演奏、歌舞的展现、文学的创作等，让自己的生活变得更加丰富多彩，使人享受到精神快乐。在健康保健方面，包括学习如何健康饮食、如何锻炼身体、如何陶冶情操、如何调节心态等，对身心健康有益的知识，还包括如何预防疾病、如何对抗疾病、如何调整身体等，都将需要通过学习获得相应的知识，才能使人清楚地活着、快乐地活着、健康地活着。

3.针对临时应急搭建学习平台。随着网络的发展，人们越来越离不开网络，喜欢在网上看有趣的内容，需要在网上了解相关信息，这也是学习的过程，是一种急需了解的学习。但是，目前网上提供的各类信息知识，有非常大的局限性，给人以三点感觉不足：一是缺乏专业性。同样的一个问题，网络查询的结果，各种各样回答非常多，有的貌似专业，有的完全错误。二是内容较混乱。查寻一个问题，页面显示列出上百条相关内容，查寻耗时费力，有的有答案，有的无答案，虚假信息及广告连篇，这就说明了网络就是一个社会，同样需要管理整治。三是非常不系统。网络有利于信息传播、有利于学习知识，这样的平台应当发挥利用好。目前，有部分网站建立了"资讯""问答""百科""文库"等，对网络学习非常有用，但还需要进一步加强，向系统性、全面性和针对性发展。上述这些问题的解决，需要"破"和"立"结合。"破"就是要整治管理，"立"就是要推出规范的学习平台，引领发展方向。

第十章
文化旅游产业中的商机

一、文化旅游产业差距分析

文化旅游产业范围非常广泛,涉及旅游、餐饮、健身、游艺、音乐、歌舞、演唱、影视、文艺、书法、绘画、展览等,然而我国的文化旅游产业参差不齐,发展差距较大。

(一)旅游景区建设不足

1.景区相互距离较远。全国5A级景区不到200家、4A级景区不到3000家,散落在全国不同省份,特别是5A级景区像一颗颗璀璨的明珠,镶嵌在祖国各地。景区景点散布在全国各地是客观的,但也客观地造成了旅游的不便。景区的配套商业服务差距也较大,旅游景点和娱乐场所、休闲场地之间相互距离较远,交通也不方便,景点成了"孤岛景点",食宿不方便,购物也不方便。在导游推荐的购物场所,商品价格偏贵,而且充斥次品、假货,也影响了游客心情。

2. 景区建设发展不平衡。一是设施设备陈旧老化。不少老的知名度不高的景区，由于建设经费短缺造成修缮管理滞后，设施陈旧，景观破损，道路不畅，进入了恶性循环。比如，规模较小的寺庙、老旧的动植物园，旅游收入微薄，景区经营管理者失去了信心，地方政府也放任自流。二是配套建设无法跟进。一些新建的远离城区的大型人工景区，因为建设之初就是政绩工程，耗费巨大资金、占地面积广阔，建起了旅游度假村、湿地公园等，可是游客量无法聚集而导致亏损经营，原先设想的配套项目通过招商完成也基本泡汤，整个建设进入了死胡同，结果变成了"空壳景区"。三是景区层次没有提高。部分知名景区"居景自傲"，因名气大收入还可，但因为不太注重自我发展，不考虑丰富景区内涵，不注重提高服务水准，久而久之自身优势也在随之消退却不能觉察。知名旅游景区，除了要保持原有的特色以外，还应当不断丰富其内涵，最大限度满足游客的需要，提高景区的服务质量和档次，保持景区始终处于旺盛的态势。

3. 旅游管理需要加强。首先要对导游进行规范。导游在人们心目中的形象总体上不太好，给人的影响是"会宰客"。少数导游也确实存在恶劣行为。然而这些问题虽然发生在导游身上，但根子却在旅游行业规范管理不够。客观上，导游这一职业，薪酬待遇低、工作不稳定，可是，旅行社同意他们把游客带到指定购物点，监管部门默认他们拿取销售点回扣，就不可避免地伤害了游客，损坏了旅游行业的声誉，影响了地方整体旅游收益。其次是社会文明需要加强。当地的社会治安是旅客关注的又一重点。社会治安复杂，黑导游众多，旅客一般不选择到这样的地区旅游。当地公安部门需要保护好旅游环境，严厉打击有损旅游业的不法行为，保护好游客人身安全和利益不受侵害。再次是旅游资源应当梯次激活。旅游资源的开发，包括自然资源的开发和人工景区的打造，需要"保护性开发、开发性保护"。一方面要考虑开发的时机，资金是否充足，交通能否跟上等。另一方面就是要对景区进行保护性打造，配套设施、服务水准等要跟上，宣传好、经营好，不让景区流产变成"空壳景区"，使游客"乘兴而来、扫兴而归"。同时，还应当考虑新景区的独特性和融合性，也就是要有自身的特点，并融合于地区旅游线路内。

（二）娱乐行业发展滞后

我国的娱乐业，应该说发展潜力巨大，规模较大的娱乐中心非常少，地区级以下的城市多数没有像样的娱乐场所，倒是游戏厅、KTV歌厅等到处都有，这是不相称的。

1. 娱乐场所建设不足。一是游乐场所较少。建设有规模的娱乐场所，主要集中在一线二线城市，三线四线城市几乎没有。全国不少城市建设了各种商业综合体，为娱乐业作出了一些贡献，让孩子有了一个基本的游玩去处。二是建设项目单一。现有娱乐场所，主要有旋转木马、跷跷板、滑梯、秋千、吊环、玩具小屋等落后的过时的娱乐设施，少数地方建有过山车、摩天轮等传统的大型娱乐设施，和上海迪士尼乐园的米奇大街、奇想花园、探险岛、宝藏湾、明日世界、梦幻世界、玩具总动园七大主题园区无法相提并论。三是成人娱乐设施少。现在建设的娱乐设施，主要是围绕孩子转，满足孩子乐趣，适合少年儿童娱乐健体于一体，不适合中年人娱乐，更不适合老年人游玩。

2. 娱乐项目创意单调。娱乐场所是人们娱乐的地方，不仅应当能够满足人的精神快乐，同时娱乐休闲项目也应该是健康向上的有益活动，使人们能够在锻炼身体、锤炼意志、增强胆识、学到知识等方面受益，让孩子远离沉迷的游戏，多开发如穿越未来世界、智力比赛竞赛、户外野营活动等项目，学习借鉴迪士尼等世界著名乐园设计的主题娱乐项目，满足青少年游玩娱乐的需要。对于中老年人的游玩娱乐，应当借助光声电等科技手段，开发出适合的游乐项目，让中老年人玩起来、动起来、开心起来，摆脱只能"打麻将牌""喝老酒"的单调生活。

3. 娱乐行业发展存在畸形。部分不法商家为获取更多利益，违背以健康娱乐为目的，在娱乐活动中，穿插色情、暴力等与传统文化不符、不利于孩子成长、不合社会文明的内容，偏离了娱乐业本质属性，严重影响了青少年健康成长，污染了人们的精神世界。为控制这方面问题的发展，国家主管部门做了大量的工作，制定了各项规定和要求，但是极少数商家为牟取暴利，依然铤而走险。

4. 游乐场所管理困难。游乐场所或场地，各种质量不等的娱乐设施器材比较多，这给安全管理增加了难度，抑制了娱乐业的发展。一是安全隐患难以消除。尽管游乐场所定期检查设施设备，维护修复易损部件，但安全问题防不胜防，随时可能会出现安全问题。主管部门由于此原因，审批审核娱乐业项目也非常慎重。二是部分游客安全意识缺乏。一方面是缺乏安全常识，没有自我保护能力。再一方面是少数游客不按规定来，没有自我保护意识，甚至是不顾安全以身试险，也加大了管理难度。三是经济赔偿压力非常大。一旦出现摔伤磕碰，不管是什么情况，通常第一责任由游乐场所承担，不仅要赔偿，同时还要停业整顿，甚至是负法律责任。这些安全责任问题，在一定程度上影响到了娱乐业的健康发展。

（三）餐饮缺乏特色

1. 大众化饮食逐步变成主流。享受美味也是旅游的一个重要组成部分，然而餐饮正趋于大众化，南北口味逐步同化，因此，品尝特色风味有难度。

一是游客忙于看景点，压缩了品尝美味的时间，导游安排的饭店主要提供的也是通菜。二是随着人口的流动，餐饮业为适应大众化需求，也在不断调整口味，于是特色风味在淡出。三是生态食材难以获得，加之各种方便调料纷纷面市，为美食制作找到了"捷径"，导致了地道的风味在"抄近路"中丢失。

2. 宴请讲排场仍然是主旋律。尊重客人是礼仪之邦的特色之一。不怠慢客人，不失礼于客人，请客吃饭讲排场，体现出主人的热情。这是待客之道，但是没有与时俱进。现在人的生活水平在提高，大鱼大肉的时代已经过去，更多的强调健康饮食和品尝美味。为此，请客吃饭应当顺应时代，向品尝特色转变，有助于发展特色菜肴。

3. 部分餐馆经营模式一成不变。一是沿袭传统的"套餐"模式，按照每客多少钱的标准进行配菜，或让客人点菜，没有新奇感，没有新花样。二是仍然是在做"实惠"，大盘上菜，大碗上菜，强调数量分量，最后造成的是太多浪费。三是不能引导客人选择菜肴，不推行健康饮食，不推荐美味佳肴，没有推动饮食向节约、经济、特色转变，深度服务理念非常滞后，坚守落后的"开饭馆不怕大肚汉"观念。

（四）人的休闲娱乐观念陈旧

物质生活富足以后，精神生活如何安排，需要有一个合理的统筹。旅游当然是一个好办法，但也应选择适合自己的活动，不要盲目地涌向海外、涌向大城市、涌向著名景区。

1. 走出大众化旅游思维。对于中老年人来讲，劳作了半辈子，出去走走，看看外面的世界，是很好的选择。有很多中老年人，特别是老年人，一直生活在农村的老年人，有相当多的没有乘过火车、坐过飞机，出去看看是非常有必要的。对于青年人来说，带着老人和孩子，选择一个时间，到外地去看看，一路浓厚的亲情，处处满满的孝道。然而，每逢节假日，景区是人头攒动，水泄不通，旅游看景变成了看人。游览景区里，游客们只是走马观花，记忆最深的就是人多、花钱、疲劳。因此，旅游需要筹划好，目的地选择好。好的景点不全是人多的地方，根据各自兴趣和旅游目的，进行科学安排。带孩子旅游，应当兼顾能学到知识，可重点选择红色景点、科技博物馆、地质公园等。带老人旅游，应当照顾到健身和老人身体承受能力，可选择自然风光、名胜古迹等，去少走路、多看景、有底蕴的地方游览。

2.应当多参加娱乐活动。娱乐活动的参加，要和健身相统一，要和益智相统一，要和增长知识相统一。对于中老年人来讲，不能整天打麻将，不能整天蜗居家中，不能整天忙碌于带孩子和围绕灶台转等，要走出户外，选择合适的娱乐活动，打打球、散散步、唱唱歌、看看展览，达到健康身体、增加见识、活跃思维的目的，让身体不要"发霉"，让大脑不要"生锈"。对于年轻人讲，也不能忽视锻炼身体，更不能透支身体，在强调工作和生活要有规律的基础之上，也要借助娱乐活动去陶冶情操，远离不健康的游戏、远离无聊的聊天，选择健康向上的娱乐活动，培养健康向上的兴趣爱好。选择合适的娱乐活动让孩子参加，对孩子的健康成长非常重要，应当坚持"不束缚天性、不损害健康、有利于成长"的原则，在娱乐中锻炼好身体，培育好兴趣，增长知识。

3.丰富多方面的精神生活。精神生活是多元性的，不同的人对精神生活的要求也各不相同。一是对精神生活要有一个基本的认识。精神生活是一个复杂的话题，准确理解需要相应的知识支撑，不需要像学者一样搞得非常清楚，但是其活动要以不伤害人、不损害社会、获得快乐为基本前提，想能够让自己开心的想法，说能够让自己开心的话题，做能够让自己开心的事情。创业的人觉得通过数年的奋斗一定能打出一片江山，富有的人觉得自己要做几件有益于社会的事情，有能力的人觉得自己要多为社会作贡献，退休的人觉得要帮助儿女培养出更好的第三代等一系列美好而快乐的想法和做法，把人的想法和做法融为一体，把精神生活和具体事情融为一体，明白精神生活不全是吃喝玩乐这个道理。二是要选择好合适的兴趣和爱好。精神生活要和实际工作相结合，也要和广泛的兴趣爱好相统一，包括不同领域知识的学习和获得。兴趣爱好，包括音乐方面的比如演奏乐器、唱歌和跳舞等，包括书画方面的比如练习书法、作诗画画等，包括体育方面的比如跑步散步、球类运动等，选择适合的一项或多项兴趣爱好，丰富人的精神生活。三是要努力走出去和周围人交流。人不能离开社会，要主动接近社会。特别是中老年人，不能独居家中，甘愿做留守老人。要多交朋友、多走动、多参加社会活动，不因为自己感觉不行而封闭自己，要知道自己的参与，是在给自己带来快乐，也是在给别人带来快乐。

二、文化旅游产业未来发展

人们对精神生活的追求是自始至终的，只是在物质生活相对富足的情况下显得更为强烈。人们需要游玩、需要音乐、需要健身等，这些精神生活的需求就是休闲娱乐行业的发展方向。

（一）建设休闲娱乐场地

1.兴建休闲健身通道。推进全民健身，把观光和健身融为一体。一是把景点连接起来。以沿江、沿湖、沿河等城市风光带为纽带，以辖区内的名胜古迹、旅游景点、体育场所等为节点，建设满足散步跑步、体育锻炼、观赏风景、休闲娱乐等为一体的健身长廊通道，以满足城市居民平时散步跑步、节假日锻炼观光等的需要。二是增加建设更多健身场地。在健身娱乐长廊沿线，增加建设羽毛球场、网球场、器械场等小型锻炼身体场地，满足健身需要。三是增加便民设施的投入建设。一方面，把健身娱乐通道通向小菜场等服务点；另一方面，在健身娱乐通道沿线，扶持建设小菜场、小吃部、避雨棚、茶室、棋牌室、读书亭等方便群众的设施；再一方面，增加专线公交，方便人们健身、购物、上班等，最大限度地服务群众。

2. 打造休闲娱乐广场。立足现有的商业综合体，围绕游乐、购物、美食三大主题，建设综合性休闲娱乐广场，努力让更多的人找到适合自己的休闲娱乐项目。一是设计中国特色的游乐休闲项目。借鉴迪士尼乐园、冒险港和欧洲主题公园等世界著名游乐园的做法，在冒险、猎奇、狂欢等活动项目上激发火花；深挖中华优秀传统文化，在中国史书、春秋故事、《三国演义》《西游记》《水浒传》等文化瑰宝中寻找灵感；同时把中国的杂技、魔术、戏曲、剪纸等传统节目融入其中，设计出更加新颖的中国游乐活动项目。二是推进购物的便捷性和娱乐性。开设无人超市等多种经营方式和刷脸付款等模式，让消费者感受到购物更轻松、更自由、更愉快。设立更多的线上购物体验店、体验长廊，让消费者自由穿梭于商品之中，体味在购物中享受、在享受中购物的轻松愉快。减少夸张宣传、物质刺激，而加大文化引领、潮流引领等宣传，培养消费者正确的消费观，让消费者同时感受消费文化、享受消费乐趣。改变让利促销、抽奖赠送等传统的促销方式，探索文化促销、游乐促销等方法，实现购物和娱乐相统一，注入文化娱乐销售的内涵。三是传承发展餐饮的风味特色。一方面继续保持传统风味。川菜、鲁菜、苏菜、粤菜、浙菜、湘菜、徽菜和闽菜等菜系，具有悠久的历史，拥有深厚的文化积淀，各自特色是不可替代的；另一方面推动餐饮多元化。走多菜系融合、中西方融合、营养美味融合之路，丰富拓展餐饮业的宽度和广度。坚持人类命运共同体，坚持共建共赢共享，把中国餐饮特色带到世界各地，把世界各地的餐饮技法引进国内，丰富发展世界餐饮文化。

3.促进更多行业联盟。成功地打造休闲娱乐地带，必然会聚集更多的人气，也必将吸引众多行业来加盟，共生共荣同发展。一是实现跨行业大联盟。大型购物中心、金融中心等更多商业机构，将主动和休闲娱乐行业对接，同时和周边商业中心、步行街等合作，把自己融入其中成为一体，拓展形成休闲娱乐购物等特色明显的更大的联盟区域。二是引领城市功能区域。政府为推动城市的规范化建设，把城市规划成工业区（经济开展区）、商业区、行政区等若干功能区。这样的设想是非常好的，但目前各功能区内存在着系列问题，如：建设动力不足，没有龙头企业单位牵头，虽然处于同一地理位置，却不能相互促进发展，有机融合，需要借鉴休闲娱乐行业联盟的更多行业做法，才能推动城市功能化的建设和发展。三是推进市场化协管城市。市场化协管城市，这是一种可能的设想，在政府主导下实行功能区域自治，有利于增强城市管理的主动性，提高城市管理的水平，如此可减轻政府管理城市的压力。

（二）建设文化娱乐场馆

文化娱乐是人们的精神追求，是人们生活中所不可缺少的重要组成部分。

1.建设文博院馆。文博院馆是中华文化传承的主阵地，是精神文明传承的主阵地，因此是不能丢失的，也是不允许丢失的，各级政府对之一定会加大投资建设，文博院馆迟早会回归成为公益事业。首先是完善硬件设施的建设。收回一些文博院馆的租赁权,不再被承包给个人经营。完善内部设施建设,重新布局购置物资器材,给文化宫、少年宫、体育馆等充实健身娱乐器材,给大戏院、大剧院、电影院等增加现代化舞台设备。其次是增加图书展品等藏量。加大图书馆藏书量,购进最新的书籍,让图书馆成为藏书最全最多的地方,赋予图书馆最新活力。加强文物征集工作,力求收集更多展品,包括借助科技手段复制更多实物,增加博物馆收藏量和展览次数,传播中华文化。组织开展书法、绘画作品等比赛,用好展览馆,推动文化事业向前发展等。再次是提高信息化管理水平。对文博院馆的管理,借助大数据平台,建立相应数据库,用好信息化手段,提高管理效率和管理水平,规范文博院馆内部运行秩序,最大限度发挥文博院馆传播中华优秀传统文化主阵地的作用。

2. 推动活动开展。文博院馆是开展文化活动的基地。文化主管部门为活跃人们的精神生活、传承中华优秀传统文化、建设精神文明等,应该会同工会、街道社区、学校以及社会团体等,借助文博院馆这个平台,组织开展形式多样的文化活动,让文化真正服务人民大众,同时增强文化娱乐场馆的吸引力。一是推行群众性健康娱乐活动。会同街道社区等,从广场舞开始,结合传统节日等,恢复舞龙舞狮、撑旱船、划龙舟、扭秧歌等地方性的传统娱乐活动,把"百姓大舞台"搭建得更大,活跃人们的文化生活。二是组建成立多种文体社团。组建各种业余文化团队,组织开展打太极、合唱、舞蹈、演奏、棋牌、读报、喝茶、旅游以及书法绘画、吟诗作对等,丰富退休人员的晚年生活。三是组织开展各种文艺比赛。会同文化部门、专业院校,结合各种评比评选活动,参照"星光大道""好声音""赛诗会""智勇大冲关"等娱乐性节目,组织开展歌咏接力比赛、现场作诗作画等赋予新的形式内涵以适合群众的多种比赛活动,引领推动群众性娱乐活动向深度、广度发展。

3.加强融合发展。文化娱乐场馆的建设，地方政府会主导多种服务行业融为一体，在提供精神娱乐的基础之上，方便群众休闲娱乐购物等。一是建设游乐场所。建设游乐场馆，是动静结合，宜人宜性，多元一体。借鉴外国游乐项目，融入中国元素，把益智增知、健身强体、锤炼意志等纳入其中，增强游乐项目的吸引力。二是接纳艺术培训。文化娱乐场馆是舞台，人民群众是演员，还需要引导和教会群众参与文化活动，需要多种文化娱乐培训机构的加盟。一方面是组织并教会群众唱歌跳舞等传统娱乐节目；再一方面是针对专业人才培训的需要，提供专业性强的乐器演奏、舞蹈训练、声乐培训、书画培训、围棋象棋军棋等多种培训机构，为文化事业培养输送人才。三是引进特色餐饮。文化娱乐场馆人流，以本地人为主体，在参加完文化娱乐后，品尝特色美味。引进的餐饮，应当以拥有特色、精致、价格适中的佳肴为主。在餐馆的布置上，多一些文化气息，雅致安宁，超脱宜人。

（三）打造区域旅游品牌

我国景区景点有3万多个，为增强对游客的吸引力，需要加强地区之间的合作，通过交通把相邻景区景点连成片，同时需要联手打造龙头景点。

1.跨区打造旅游观光线路。这方面，国家正在建设相应高铁旅游线路，如贵广高铁，把灵动的漓江水、精巧的甲秀楼、神秘的大侗寨等进行了连接，把天涯美景呈现于眼前，触手可及。再如兰新高铁，自兰州发车，途经西宁、张掖、酒泉、嘉峪关，带给人们丝路风光，再一路西行到新疆哈密、吐鲁番，领略千年前风沙，驶入乌鲁木齐站等。高铁旅游沿线上的风景区，依托交通方便优势，可推动相互间的合作，加强景区景点建设，可以吸引广大游客,以推动旅游业的发展。动车沿线、高速公路沿线等条件具备的地区,也会加强沿线区域的联盟,打造动车旅游线路、高速自驾游线路,最终推动并促进旅游业的发展。

2. 建设区域旅游观光地带。依托山水风光、围绕山水文化,打造山水风光地带。比如,围绕秀美的湖泊,不分地区行政划分,把湖泊周围周边的景区景点进行整合,如太湖风景名胜区,涉及2市3县市的35个镇,采取统一打造、多种经营的方法,加强区域合作。再如,围绕森林湿地等,把区域性原有景点进行整合,并着力组织整体打造,把割裂的小景区小景点联系在一起,增强区域性旅游观光含量,给人留下流连忘返的深刻印象。

3. 绘制中华文明的游览长卷。翻开并对照中华历史,全国范围统一筹划,借助现代科技手段,修复大量名胜古迹,用屏幕来演绎还原历史场景,把中华文明向全世界推送。广泛开展旅游引导,引领人们领略自然风光,同时品味中华文明,树立人们正确的旅游观。比如,以曲阜为中心,以儒学为主题,会同周边相关市区,修复反映儒学历史的人文景观,展示儒家文化。以此类推,全国布局打造,就可绘制汇编成一本完美的《游览中华文明图册》,为弘扬中华文明,推进人类命运共同体作出贡献。

休闲娱乐行业的建设发展,应因地制宜,立足地区优势特点,在了解周边城市的前提下,选准相应突破口,逐步推进实施建设。

三、文化旅游产业潜在变数

(一)高标准跟进建设步伐

1. 精于景区设计。景区建设,不同于一般的房屋建造、桥梁建设等,需要和城市建设整体协调，需要符合生态环境要求，需要和地区文化接轨。这对设计和建设提出了更高的要求。一是需要提升设计素养。旅游景区建设，涉及环境保护、仿古建筑、园林绿化、内部装修、网络布线等多个领域，需要有这方面的专业人才，增强筹划能力、提高设计水平。学习这方面的专业知识，不仅主要负责人员要学习，一般性的工程人员也应当学习，这对打造提高团队整体水平非常重要。拥有"金刚钻"才能揽"瓷器活"。二是需要帮助主管单位谋划全局。搞好旅游景区开发建设，相关主管部门会有其决策。作为景区建设专业团队，具有相应的专业水平，应当发挥参谋作用，着眼整个地区全局，提出中肯建设意见，避免盲目跟风机械复制、急功近利求大求全、"优柔寡断"建而不成等问题的发生，不能唯利不讲信誉而盲目吹捧，把价值体现放在第一位。三是局部设计精雕细琢。在景区建设大框架下、总体意图下，加强局部规划设计，反映文化特色，反映风光特色，反映不一样的特色。其建设意图风格特色，不仅外在上要充分展示，内部建造上也要足够体现，让文化的力量、特色的魅力由内而发，充分彰显。

2.强化建设标准。把握商机至少需要两个条件，就是分析出商机所在和有能力去实践。一是强化建设队伍。过硬的建设队伍，是打赢硬仗的根本。应当在强化建设态度、精湛技术水平等方面打造，不断锤炼提升团队，把团队建设成为一支有战斗力的团队，这其实也是能够抓住商机的根本。二是当成样板工程。思想武装是最重要的武装，拥有必胜的信心能够战胜一切。工程建设人员，往往比较坦直豪爽，他们的决心一旦形成，那就是"石油工人一声吼，地球也要抖三抖"，就是无坚不摧的强大力量。三是处处强调细节。"细节决定成败"是一句话，还有一句话是"不要事无巨细"。这两句话有矛盾吗？这两句话没有矛盾。"细节决定成败"，强调的是在细节上的高标准,没有细节上的成功就没有全局上的胜利,没有细节上精雕细琢就没有精品极品。"不要事无巨细",强调的是层级上的标准,在本级范围内要细,不在本级范围内的事只作宏观建议和安排。抓好工程建设,细节在各处,处处强调细节,指导好、检查好、督促好。

3.挺进新的项目。休闲娱乐场所建设,目前存在两个方面的不足。第一个方面,现有的娱乐设施设备,主要适合年轻人和孩子的游玩,市面上销售的旋转类、骑乘类、滑行类等娱乐设施,不适合中老年人娱乐。第二个方面,娱乐设施设备简单,娱乐活动的项目也非常单一,缺乏创意,娱乐性、趣味性、益智性等方面没有什么层次。为推动休闲娱乐行业的发展,给各类人群提供一个游玩的好去处,可以做如下努力。首先是设计创意。学习借鉴国外的游乐园设计,融入中国杂技、魔术、戏曲等传统项目,把中国故事、文化智慧、传统趣味等穿插其中,并以主题主线形式出现,充分利用先进的科技手段,设计出体现中国文化特色的游乐项目。其次是精心打造。结合不同地区的人文历史特点,用好当地传统娱乐资源等,力戒千篇一律,严密组织施工建造,打造出不同地区个性化娱乐项目,为不同的人群提供不同的休闲娱乐项目。

(二)大跨度改进旅游经营

1.推动联合经营。任何经营都不应当独立于其他行业之外,多行业联合才有更大的发展。一是推动多方合作。旅游业服务于有旅游愿望的所有人,不仅要服务好来景点旅游的每一个人,同时应主动出击深入社会,和企事业单位对接,宣传好旅游,组织好旅游。和学校对接,开展有益于学生接触社会、加强身心发展的各种活动等。和企业对接,组织"为实现中国梦贡献力量"的活动等。和老年活动中心对接,举办形式多样的适合老年人的旅游活动。二是推动同行业合作。在区域间加强资源共享、信息互通、经营联手，摒弃"同行是冤家"的狭隘思想，打造地区性旅游新高地，增强地区性旅游的吸引力。在景区建设上，不做没有特色的"烩菜"，统一布局打造出各自的特色。在经营组织上，尝试一体化经营，根据景区建设情况，委托第三方来评估收入分层，克服单打独斗造成的多种弊端，努力走共建、共管、共赢的合作之路。三是推动跨行业合作。当今时代有一个不同于以往的特点，就是同行业未必是真正的竞争对手，真正的竞争对手往往在行业之外，如数码相机对手是智能手机等。为此，跨行业合作是有必要的，如果和休闲娱乐、健身游乐、商业服务等合作，旅游业一定有好的发展。

2. 推出文化品牌。文化品牌的打造，一方面是吸引游客，创造出更大的旅游效益；另一方面是通过景区景点的打造、区域性旅游业建设，让全世界游客包括中国游客在内，不仅饱览到中国大好河山，同时感受到中华文化的魅力，让中华文明传播到世界各地。一是通过名胜古迹来展示中华文明，让全世界感受到中华文明的厚重，感悟到中华文化强大的包容性。二是通过社会文明来展示中华风采，让全世界感受到复兴中的中国人不一样的风采，推动构建人类命运共同体。三是通过自然风光来展示中华神韵，让全世界感受到中华大地的博大之美，从而提升了中华文明在全世界的形象。

3. 根治旅游病灶。旅游业发展到今天，有很多成功做法，也暴露出许多问题，有些问题还相当严重，甚至导致在一些地区无人敢去旅游。这不仅影响到了旅游业的发展，同时严重破坏了当地的民风，深层次问题更是影响到了经济建设大环境。一是旅游主管部门需要加强宏观管控。一方面应加强监管，旗帜鲜明地打击违规违法行为，管理好旅游业。另一方面是处理协调各种利益关系，厘清景区经营单位、旅行社和其他相关单位的关系，化解利益之争等一系列问题。二是合理调节旅游收益。首先要明确旅游资源是国家的、是全社会的，不是某个单位的，更不是某个个人的。其次是合理调整景区、旅行社及导游和其他相关单位的利益，照顾到导游等个人收入。三是需要积聚全社会力量共同维护旅游的软环境，喊响"景区美景区人更美"口号，呼吁长期践行"有朋自远方来，不亦乐乎"的理念，使全社会树立起大文明、大服务意识。

（三）融合式发展餐饮文化

1. 传承节俭风尚。"锄禾日当午，汗滴禾下土；谁知盘中餐，粒粒皆辛苦"。不浪费粮食是中华民族的传统美德，不仅家庭要坚持节约，公共餐饮也应当厉行节约。首先，饭店经营理念要果断转变，大力推行"节约用餐"。在满足吃饱吃好、品尝到特色的前提下，提醒客人不要浪费粮食。同时，在食材分量上也应当有所讲究，根据人数、点菜数量等，控制食材用量，保证实惠但不浪费。其次，要为消费者考虑，根据用餐人数和客人特点等情况，提出合理化点菜建议，善意提出不多点菜，坚持品尝美味和营养搭配。第三，要求客人膳后打包，推行"打包打折，不打包不打折"，鼓励客人剩余饭菜打包，坚持以"节约用餐"为己任，并以此教育员工，打牢节约的意识。

2. 坚持融合发展。学习借鉴别人好的做法，推动中华菜系不断发展。一是弘扬传统饮食文化，坚持各大菜系之间融合。中华传统菜系，可谓博大精深，各有特色，各领风骚。传承古法，借鉴他法，保持精进。二是推进中西方餐饮文化融合。中华文化具有强大的包容性，能够吸收外来文化好的地方，并经过优化保留，也包括餐饮文化。在中西菜肴结合上多做探索，不仅要让中西菜肴在同一餐桌上出现，更要加强品位上的融合。三是坚持传播饮食健康文化，强调美味和营养搭配。很多人的饮食，还是停留在口感上，强调营养相对要少一些。在推广中国菜肴时，应当加强营养学的宣传，让人们吃得营养、吃得健康。

3. 展示餐饮文化。一是可以构建观摩通道，看食材和菜肴样品选购。通过消费者观看后厨操作、看展出的菜肴样品或照片，一方面起到代为监管厨房作用，另一方面就是方便消费者直观选购、放心选购。二是可将后厨推向前台，展示精湛厨艺。如同晚会上的掌声对舞台演员来说是表扬和鼓励一样，掌声也对厨师起着积极的鼓励作用。通过把菜肴制作过程推向台前，消费者观看厨师的精彩厨艺，既鼓励了厨师，又让消费者饱了口福也饱了眼福。三是借助科技手段，宣传餐饮文化。通过视频、动漫、三维幻影成像等技术，集宣传多种文明和展示趣味科技为一体，传播中华餐饮文化。

第十一章
医疗健康行业中的商机

医疗健康一直是民众关注的问题,特别是"看病难、看病贵"等问题浮出水面之后,医疗卫生体制改革的步伐明显加快。健康中国战略的提出,加快推动从以治病为中心向以人民健康为中心转变,提高全民健康水平。通过实施健康中国行动,医疗健康行业面临新的商机。

一、医疗健康领域的一些问题现象

人的健康,包括身体健康和心理健康,涉及社会环境、工作节奏、思想引导和健康饮食、运动保健、疾病防治等方面,其内容范畴非常广泛。

(一)医疗领域存在问题

我国的医疗事业,通过几十年的发展,取得了非常大的成就,无论是硬件建设,还是医生水平,都可以和世界媲美。但是,问题也是存在的,特别是地方性医院。

1. 检查诊断复杂。患者排队就诊,不管是普通医生还是专家医生,有不少医生通常只做简单的询问，了解到患者病症所在部位后，通常就让患者去抽血化验、做 B 超等检查。患者排队做相应检查再等上一两个小时取检查结果，医生见到检查结果后，才开始细问情况开药挂水。如果检查结果相对复杂，就升级到再做 CT、胃肠镜等检查，然后医生就建议患者住院治疗。这种靠仪器设备、抽血化验诊断，可能多数患者有同样的经历。有人说现在的医生是检查型医生，离开仪器就不会看病了。这样的说法当然有些牵强也非客观，必要的检查当然是不能少的，但是过度检查的问题也是不可取的。患者住院后的各种检查也非常多。笔者有一位朋友因喉部深处扎了一根鱼刺，去一家三级甲等医院取拿未果，瞧病的专家医生提出让其住院治疗，治疗方案是做胃镜取拿。患者因"鲠在喉"只能遵照服从，可是住院后意想不到的事情来了，要做血常规肝肾功能检查，要做便检尿查，还要求输液。这个事情发生后，向知情人士打听得知，这是住院的标配。那么这样的标配合理吗？回答应该是否定的。

2.存在过度治疗。比如就诊就输液。乡镇医院、县市医院，包括私人诊所，看病就输液成了一种普遍现象。给患者输液，可怕的是已经成为治疗的习惯，已经成了医生开药的习惯，并逐步形成了一个错误结论"输液病好得快"。还有就是小病大看，小病下猛药。

3.医技悬殊较大。乡镇医院、县级医院，包括部分地级市医院，无论是纵向比还是横向比，综合医疗水平差距非常大。同样的疾病，有些医院能治好，有些医院却没有能力医治。

（二）健康保健不足

1.锻炼身体普及不够。锻炼身体没有人觉得不好，而且都认为有必要，但是真正参加锻炼的并且长期坚持的人并不多。目前锻炼身体坚持得比较好的主要有四类人员：第一类是中老年人，包括离退休人员，锻炼方式主要以跑步、散步、打太极和跳广场舞为主。第二类是体育爱好者，主动参加各种体育运动和比赛，包括球类运动、长跑等，还有武术爱好者经常切磋武艺等。第三类是保健意识比较强的人，因受家人锻炼熏陶影响，或通过学习认识到锻炼的重要性，开始长期坚持锻炼。第四类是医生交代要求加强锻炼的人，因医生要求通过锻炼来配合治疗，才开始坚持锻炼身体。分析锻炼身体不能长期坚持的原因，主要应该有三个方面。一是氛围没有形成。不管是在城市，还是在农村，长期坚持锻炼的人并不多，晚上跳广场舞的总是为数不多的以五六十岁的女同志为主，晨练打太极拳的同样是为数不多的以六七十岁的中老年人为主，未形成锻炼身体的浓厚氛围。二是健身意识不强。这是一个个人的问题，更是一个社会问题。我们的周围，多数人没有"一定要锻炼"的概念，健身意识非常的缺乏。这是生活随性的原因所致，也是没有太多危机感所决定。三是社会组织不够。体育运动，机关部门组织比较少，企事业单位组织比较少，街道社区组织也比较少。这方面工作，体育主管部门、单位主要领导需要在全民健身体育运动普及上多做工作。

2. 心理保健意识缺乏。身体亚健康的人比较多，心理亚健康的人可能更多。一个人一生，会吃很多苦，会遇到不平事，会听到社会负面言论，如果没有坚定的信念，或者没有正确的"三观"，或者有不能及时排解的思想问题，人的心理就会慢慢扭曲，心事将会越来越重，甚至患上心理疾病。这样的问题，本人很难觉察，社会关注也不够。一是自我无法感知。心理亚健康的人，除了感觉到思想压力大以外，并不能认识到如果压力得不到释放，自己会患上心理疾病。心理问题和身体疾病不一样，没有明显的痛感征兆，本人只知道是思想问题。心理疾病是从思想问题开始的，长期的思想问题积压成疾。二是思想疏导缺失。心理疾病患者，多数不了解心理疾病知识，也不懂得自我排解思想问题，更不知道需要找心理医生进行疏导治疗。思想问题的解决，除了自我努力排解以外，父母家人、学校老师、单位领导或同事朋友等，应当主动担起这份责任或尽点义务，帮助做好思想排解工作。然而这方面的工作，父母家人应该是做得最多的，但是很多孩子形成了强烈的逆反心理。大部分老师善于做思想工作，但主要是围绕学习而开展。参加工作以后，不少单位是用人多而育人少。三是寻求治疗不够。心理不够健康的人，通常内心比较脆弱，各种顾虑比较多，不愿意和别人交流，害怕别人知道其内心世界。心理疾病患者，非常痛苦，早期还不认为是患有心理疾病，等到发展成心理疾病的时候，自己又不愿意接受治疗。患上心理疾病的人，还有更为痛苦的事情，会把遇到的所有困难和问题都归结到心理疾病上来，给自己不断增加精神压力。

3.营养保健意识缺失。现在很多人对于吃什么、怎么吃、为什么这样吃等问题，已经考虑得不多，缺乏营养保健意识。中国的饮食文化，博大精深，特点明显，讲究营养。强调"冬补三九，夏补三伏"，不同季节烹饪不同、食用不同，夏天吃得清淡凉爽，冬天讲究进补。注重色香味的统一，给人以物质和精神上的享受。有"药膳同功"和"医食同源"的说法，和医疗保健密切联系，通过饮食达到治病和健体的目的。这些有助于营养保健的传统饮食文化，需要传承和发扬。

二、医疗健康的未来发展

（一）更加注重疾病预防

"早预防、早发现、早治疗"是疾病预防的基本常识，如果疾病发现得迟，治疗难度就会加大，医疗费用会增多，病人还增加了痛苦。

1. 检查身体将会成为常态。有人说"中国人把疾病堵在医院门口，外国人把疾病堵在预防之前"，这是不准确的，但也能说明我们对疾病预防做得不够。有相当多的人不愿意把钱花在检查身体上，除了单位组织、社区组织等参加体检以外，一般是不会自费体检的。预防才是最有效的治疗。据有关报道称，世界营养协会做了一个调查，得出了一个预防和治疗之间 1:10 的比例关系，就是说 1 万元的预防投资相当于 10 万元的治疗费用，可见预防体现在经济方面的重要性。现在如果把医疗保险交给了医院，医院更懂得健康预防的必要性，必然会考虑定期组织对投保人进行针对性的身体检查，贯彻"早预防、早发现、早治疗"的指导思想，把疾病杜绝在萌芽状态，特别是加强对重大疾病的预防。

2. 重点人员将会实施有效的监护。主要是针对慢性病患者和年老体弱人员，防止错过最佳治疗时机，并指导其锻炼好身体和营养饮食。一是对重点人员实施全时监测。借助先进的可穿戴身体检测设备等，全时监测和及时反馈重点人员身体状况，以便及时通知患者到医院做检查和提醒患者注意生活事项，努力控制病情和接受最佳治疗。二是指导患者锻炼身体。针对患者身体机能，指导患者做合适的体育运动，加强运动保健，防止患者做不合适的运动或停止体育锻炼。三是加强对患者的饮食指导。根据患者身体状况，指导患者加强饮食保健，把营养保健、健康锻炼和药物治疗统一起来，增强疾病预防和治疗效果。

3. 医院将会干导健康保健。健康保健，是疾病史早期的预防工作，随着健康保健工作的深入推进，可能会转化成争夺参加医保人员的重要竞争手段，各牵头总医院将会积极推进。首先是健康锻炼的组织。针对医保人员不同的年龄、性别、身体状况等，定制相应的健康锻炼方案，联合住宅小区、养老院、康复中心等，组织相关人员锻炼身体，强健体魄，加快康复。其次是加强营养保健的指导。现在营养保健意识缺乏，人们在饮食上主要强调的还是"色、香、味"，谈及营养比较少；另外，不懂得如何调节搭配好营养，没有专职营养师做指导。医院派出专职营养保健师做指导，将发挥饮食保健作用。再次是娱乐活动的组织。其目的是为了活跃人的生活，调节人的心态，减少因低落的情绪、烦躁的心理等引起身体疾病，从多方面着手保持人的身体健康。

（二）健康保健成为时尚

人们的生活水平的提高，人们对身体健康要求也会越来越高也是必然。同时，随着医院对参保人员健康检查的常态化和指导加强身体锻炼，人们的健康保健意识也一定会得到加强，并可能发展成一种时尚文化。

1.新型科技推动健康保健。新型科技的运用，给健康保健注入了活力。一是运动健身类App将会层出不穷。时下运动健身类App就非常之多，这些App手机软件，一方面为用户提供运动健身方案，另一方面指导用户如何做运动健身，对用户的健康运动提供了便捷帮助。二是公共场所布置智能保健器材。如同现在的车站、广场、医院、服务区等公共场所布置的智能按摩椅，通过手机扫码付款方式，激活健身保健器材，辅助人们运用碎片化时间，做好健身保康运动。三是家庭布置智能化锻炼设备。这也将成为一种时尚，如同购买高档按摩椅一样，在智能装修时、购买智能家具家电时，一起统筹考虑智能化健身保健设备的安装布置，保证入住新居健身锻炼需要。

2.健身场馆建设将会发挥重要作用。体育锻炼，是健康身体的需要，能不能长久坚持还需要深厚的锻炼兴趣。现在的体育馆，除了有相应的锻炼场地和部分体育运动器材，只能满足一般的体育运动，和未来人们的健康锻炼要求差距比较大，需要进一步完善。未来的健身场馆建设，为满足锻炼身体、健康饮食等综合需要，培育激发人的相应兴趣，借助场馆相应器材，组织健康训练，开展保健培训，满足人们健康保健的需要。同时，健康保健活动，也在丰富改变人们日常生活，把健康、娱乐和休闲统一在一起，使人们的物质生活、精神生活和身体健康能够得到满足。

3.青少年健康成长必将受到高度重视。青少年的健康成长，包括身体健康和心理健康。在身体健康方面，学校的体育课能不能起到锻炼身体的作用，这是最典型的问题，包括眼保健操、课间操能不能长期坚持，也是一个大的问题。在心理健康方面，存在的问题也非常多，这是造成学生逆反心理的重要原因，有家庭教育问题，有社会影响问题，也有学校教育跟不上的问题。《三字经》中云"首孝悌，次见闻"，意思是人生首要莫大于孝悌，其次是见闻广识。也就是说首先要懂得一些做人做事的基本道理，在人生观、世界观、价值观方面要有一个正确的认识，然后再去学习其他。正确的"三观"是奠定心理健康的根本，心理上的强大才是真正的强大，未来教育对心理健康一定会更加重视。

三、医疗健康有新动态

（一）医疗改革会有新变化

随着医保支付方式改革的深入，推行以按病种付费为主的多元复合式医保支付方式，这将会推动整个行业发生大的变化。

1.医疗物资供给方式将发生改变。目前，医院基本上是各自为战，自行购置药品、医疗器械和医用耗材，因采购工作存在垄断等问题，导致药品耗材等价格的偏高，成为老百姓看病贵的重要原因之一。由部分三等甲级医院主导牵头，形成集团式的医疗团队体系，在物资采购等方面，必然会加以规范。这样做的目的和所起的作用，首先是增强医疗集团竞争力的需要。通过规范药品耗材的购进，压缩了医疗集团内部的运营成本，增强了集团在行业间的竞争力。其次是符合政府监管部门的要求。医疗监管机构，代表人民意愿，"看病难、看病贵"是一直想解决的问题。通过降低医院的运营成本，合理确定医药价格，"看病难、看病贵"会得到有效解决。再次是间接规范药品耗材的生产和销售，优化医药生产、合理经营的外部环境，让不法商家无处遁形。

2. 远程医疗设备将有新的需求。随着网络时代的不断发展，远程治疗将成为社会发展的一个趋势，包括远程问诊、远程检查、远程护理和远程手术等。一方面是推行"互联网+医疗"，缩短医患之间的距离，使患者在当地就可享受到顶级专家给自己治病的待遇，方便不能出家门的患者在家中就可实现就医。另一方面弥补分级诊疗医院技术力量不足的问题，解决了需要转院治疗的问题，符合牵头总医院对各分院进行远程技术指导的要求。实现远程治疗，先进的技术设备是关键，给科研院所提出了新挑战。研发、生产和销售各类远程医疗设备，将是一个巨大的商机，未来不仅在国内拥有巨大的市场，在国外也将拥有巨大的市场。一是远程问诊网线设备的安装，可在分级诊疗医院安装，可在养老机构安装，还可在老人家中安装，方便患者远程就医。二是远程护理治疗设备的使用，借助护理治疗设备的远程化和智能化等功能，教会患者自行护理，帮助患者自助康复，远程提供护理咨询。三是远程手术设备的研发。这将是一个巨大的挑战，也将是一个巨大的突破。能够实现远程做各种手术，包括大的人体内脏手术小的拔牙外科技术，都将是一件激动人心的事情。

3.商业医疗保险体系会有新变化。我国现在的商业医疗保险，主要有普通医疗保险、意外伤害医疗保险、住院医疗保险、手术医疗保险、特种疾病保险等，其和国家主导的医疗保险具有一定的互补性。随着医保支付方式的改革，商业医疗保险也会有相应的变化和调整。一是融合于医疗机构。主要是指规范相对比较小的商业医疗保险机构，因为生存的原因和医疗机构担负医保工作的需要，纳入医院体系，成为医疗机构的一个部分，负责医保全面工作。二是和医疗机构合作。同样是生存的原因和医疗机构担负医保工作的需要，作为第三方出现，帮助医疗机构负责医保部分工作。三是仍然独立经营。按照国家医保政策的调整，在规定的范围内进行正当经营，发挥好互补性作用。同时，在国家医保政策许可范围内，也可能创办成立医疗机构，负责参保人等医疗工作，和其他医疗集团一起推动医疗事业的发展。

（二）健康检查会有新机会

检查身体常态化，检查人次将是巨大的，需要场地、人员、设备、药品等。

1.推动体检中心建设。近几年，个人投资建设的体检中心正在悄然兴起，说明了现在的医院体检中心不能满足社会的需要。不少医院设置的体检中心，存在服务态度不好，检查走马观花应付了事等现象。许多医院体检中心运用的是传统的检查手段，不具备运用先进手段检查身体的条件，这为民营体检中心提供了生存空间。体检中心的兴起，符合社会发展的需要，有助于做好疾病预防和个人健康保健，是借助社会力量加强医疗保障工作的重大进步。民营体检中心，需要加强和社会多个领域合作。首先是要和医疗机构合作，可推行医务人员、检查设备和检查结果共享，作为医疗机构的先遣队，做好疾病预防提前检测评估工作。其次是和各类健康保健机构合作，为健康保健提供技术支撑和信息支撑，推进双方融合和双赢。再次是和社会上各种自主式健康 App 网络机构合作，作为健康网站实体基地，帮助解决线上不能解决的问题。同时，也可借助健康 App，延伸推行健康检查中心为服务对象提供的健康保健方面知识和健康运动，同样可达到双赢的效果。因体检量在加大，医院也将会引进先进检查设备，推动体检中心科室建设。

2.促进跟踪定期检查。医务工作，实现单方面的"疾病治疗"向"疾病预防+治疗"转变，推动体检中心的发展，同时也会推出跟踪检查重点患者的服务，以便及时治疗。一是患者在家中及时检查。如高血压、糖尿病患者等，准备好相应检查仪器，由家庭成员操作或患者本人操作，在家中进行身体检查，按照医嘱要求及时到医院进行治疗。二是患者 24 小时跟踪检测。比如动态心电图检测设备。随着新材料、新能源、新技术的不断发展，会有更多小型微型的身体检查设备器材，24 小时跟踪人体各方面变化情况。三是提醒患者到医院做及时检查。根据患者身体体检结果和家庭检查、24 小时跟踪检测反馈的情况，医生分析后通知患者做进一步检查或治疗，将病情控制在一定范围之内。

3.体检需要各类保障。首先是需要大量的药品试剂，用于体检。其次是需要检查仪器和设备。借助现代科技，研发出更为先进的体检设备和仪器，保证高效、精准，包括穿戴式 24 小时跟踪监测设备、植入人体内的小型检查仪器等。三是需要网络终端的支撑保障。人体检查的各种数据处理，是做好预防工作的关键。随着 5G 时代的到来，借助流畅的网络，医院、体检中心等服务机构必须及时做好数据的采集和智能化处理分析，随时提醒服务对象注意事项，实现人体数据和人的互动、和检测中心互动、和医疗机构互动，从而满足全程跟踪服务的要求。同时，身体检查会形成庞大的数据库，需要借助云计算、做出相应分析判断，为医生最后的诊断提供有力依据。

（三）健康保健会有新需求

1.网上心理保健行业必然兴起。心理保健能帮助人们缓减因工作、生活等多方面原因造成的精神压力。围绕心理健康开展的思想工作，以心理疏导为主、心理咨询为辅，让人的思想情绪得到释放，让实质性问题得到直接或简单的解决。心理保健咨询，谈论的内容涉及个人隐私较多，接受心理咨询的人是不愿意让别人知道的，而且更不愿意别人知道其内心世界。开通网上咨询，实现远程咨询，有助于保护咨询者隐私，也让咨询者放心。现在的网络技术非常发达，特别是5G时代的到来，更有助于开展网上心理保健、心理咨询。心理保健咨询，与工作和生活联系紧密，需要解决生活中存在的具体困惑和疑虑，需要引导或直接解决好服务对象存在的现实问题，这给做好心理保健提出了非常大的挑战。所以，心理保健需要专业人士，辅导人员的见识和社会经历是关键。心理疏导技巧只是一种战术手段，真正的战斗力来源于辅导人员的生活积累和相应的研究。

2.健康运动需要新的发展。早晨晚上锻炼身体，如跑步散步、跳广场舞、打太极、打羽毛球、网球等，运动形式多样，相应的健身场馆应当有很大的发展空间。目前的健身场馆，内部布置有多种健身娱乐器材，年轻人比较愿意去锻炼。如果围绕中年人、老年人，结合传统的运动项目，开发研究出一些有趣的运动娱乐器材，也将会激发起中老年人的锻炼兴趣，特别是中年人锻炼兴趣更容易激发。为增强社会责任感，也是为经营好健身场馆，可主动承担起引领全民健身的职责，引导全民了解相应运动项目，普及运动与健身的相关知识，提高全民运动健身意识。健身 App 可激发起人们的锻炼兴趣。借助 5G 网络，通过健身 App 开展锻炼比赛，增强健身兴趣。在健身 App 平台适当做一些宣传推介，通过健身积分等形式，给健身者一些适当的物质鼓励。在健身 App 中增加健身教学内容，让一些健身爱好者成为专业健身教练，以便吸引更多人参与到健身行列中来。

3. 营养保健需要努力推广。营养保健，就是饮食保健，吃得好、吃得营养、吃得健康，应该是基本的饮食要求。单纯追求吃得好，是不全面的。医生要求"迈开腿、管住嘴"，就是要求不能贪图美食，不要吃出病来。那么应该如何引领不同人群正确地饮食呢？一是汇聚古今中外智慧。中医不仅对药材的功效有具体阐述，对食物也有不同的分类说明，比如常把食物分成补益类食物、理气理血类食物、寒热解表类食物、化痰止咳类食物等。《黄帝内经》载："五谷为养，五果为主，五畜为益，五菜为充，气味和而服之，以补精益气。"提出了食物要多样化的原则。中医提出饮食调理、食物治疗等，就是具体的养生理论。西方的营养学，主要包括：医学基础理论、临床医学概论、食品加工与工艺、食疗保健和预防医学。不仅针对临床营养科，也针对保健食品的开发研究、食品卫生的检验等，应和中医养生理论相结合，和中国的饮食调整包括饮食文化结合起来研究，提出系统的食物营养理论。二是结合临床推荐和宣传。饮食问题，应当听医生的，医生也应当根据不同人的身体状况，结合临床实践，提出具体的饮食指导意见。同时，也应当做好饮食方面的系统整理和宣传工作。营养师要掌握系统的理论知识，要更加明细地给出不同人群的分类指导，并致力于推广普及营养学知识，做传递健康饮食、传递健康福音、传递健康快乐的使者。三是融入食谱进入菜系。健康饮食，也要符合人们的饮食习惯，否则健康饮食难以推行。不仅要吃得保健，同样要吃到美味。中国菜肴八大菜系，各有其特点，所选用的食材、调料以及相互搭配也各有妙招。从营养保健角度去分析考虑，应当贯彻营养保健理论，结合不同菜系特点，针对不同年龄段、身体状况的人群，研究整理出相应的营养保健食谱，满足不同人群的营养保健需要。同时，还可以开设以营养保健冠名的饭店，推动饮食保健。

后　记

人生的价值，不仅仅在于创造物质财富和精神财富，更有意义的是在于服务社会和贡献社会。

谋事在人，成事在天。不求一定要成功登上顶峰，但求曾经努力过、奋斗过，这也是人生意义所在，为他人提供成功的经验也罢，提供失败的教训也罢，都是伟大壮举。

不以成败论英雄。成功取决于自己的努力和条件的具备。拥有机遇没有成功不要紧，努力了，奋斗了，也一样有意义，甚至比成功更有价值，因为其蕴涵成功的做法和奋斗的意志，是未来成功的基石，只要继续坚持，不停努力，一定能够成功。